EL
EXCEPCIONAL
YACO

CARLOS CANET

Note for Librarians: a cataloguing record for this book that includes Dewey
Decimal Classification and US Library of Congress numbers is available from the
Library and Archives of Canada. The complete cataloguing record can be obtained
from their online database at:
www.collectionscanada.ca/amicus/index-e.html
ISBN 1-4120-3658-5

TRAFFORD

Offices in Canada, USA, Ireland, UK and Spain
This book was published *on-demand* in cooperation with Trafford Publishing.
On-demand publishing is a unique process and service of making a book available
for retail sale to the public taking advantage of on-demand manufacturing and
Internet marketing. On-demand publishing includes promotions, retail sales,
manufacturing, order fulfilment, accounting and collecting royalties on behalf of
the author.
Book sales for North America and international:
Trafford Publishing, 6E–2333 Government St.,
Victoria, BC v8t 4p4 CANADA
phone 250 383 6864 (toll-free 1 888 232 4444)
fax 250 383 6804; email to orders@trafford.com
Book sales in Europe:
Trafford Publishing (uk) Ltd., Enterprise House, Wistaston Road Business Centre,
Wistaston Road, Crewe, Cheshire cw2 7rp UNITED KINGDOM
phone 01270 251 396 (local rate 0845 230 9601)
facsimile 01270 254 983; orders.uk@trafford.com
Order online at:
www.trafford.com/robots/04-1486.html

10 9 8 7 6 5 4 3

INDICE

INTRODUCCION

El autor de este libro Carlos Canet, nacido en el pueblo de Regla Habana, Cuba. Vino a USA en 1955 con su esposa Eva y sus dos hijas Raisa y Greda. Trabajador talentoso dado a la lectura; entre sus muchas cualidades como poeta y amante de los animales.

Carlos escribió un libro de poesías titulado "EVA" (su esposa) y otro titilado "LUCUMI" dedicado a la Religión Afro-Cubana; es un gran conocedor de la cría de aves domesticas, la que de forma voluntaria enseño a jóvenes estudiantes de secundaria, producción de huevos y carne.

Este libro titulado "El excepcional Yaco", tiene el propósito de forma clara y orientadora de ilustrar a los criadores de dicho loro y similares.

Después de haber estudiado profundamente y consultado distintos tratados acreditados, se dispuso, pensando siempre en los criadores y propietarios de loros muchos de ellos desorientados, escribir este libro basado en sus estudios y sobre todo su propia experiencia, adquirida durante de muchos años, sumado a esto una observación minuciosa de la vida, costumbres, y enfermedades de los loros.

RECOMIENDO A TODOS AQUELLOS INTERESADOS EN EL TEMA DEL LORO GRIS AFRICANO, LA LECTURA Y CONSERVACION DE ESTE VALIOSOS LIBRO.

DR. ERNESTO A. CANET DVM.

capítulo 1

EL EXCEPCIONAL YACO LORO GRIS AFRICANO

Un atardecer del mes de mayo de 1948 mi madrina Genoveva Redondo y yo nos dirigimos al hogar de Nicolása Diago negra de descendencia africana a pedirle prestadas siete plumas rojas de su loro, para mi iniciación. Esta fue la primera vez que vi. un loro africano. Veinte años después viviendo en la ciudad de Hialeah compre mi primer loro por $ 135.00 adulto, no sabia hablar, en aquella época la mayoría de los loros eran importados casi ninguno hablaba, poco tiempo después compre el segundo en $ 150.00 este hablaba bastante. Una tarde entraron a robárselos y al no poder cogerlos los dejaron ir, solo volvió el segundo que vivió conmigo por 30 años y en un descuido mío se escapo, en aquella época solo me importaban las plumas rojas de la cola que las vendía a $ 6.00, por muchos años le estuve quitando las plumas y tenia poca información sobre ellos y los alimentaba por todo ese tiempo con semillas de girasol y bananas, por el espacio de los 30 años nunca se enfermo, entonces comencé a buscar información poca e incompleta con la impresión de lo difícil que era criarlos siendo esta mi intención, compre otro loro mas costoso y los puse juntos por varios años, hasta le hice una caja de madera para nido, resultando ser los dos machos y desbarataron la caja de madera. Seguí tratando siempre con el resultado negativo continué estudiando a los loros africanos y comprando varias parejas probadas con las que comencé mi tarea de criarlos, fueron de mucha alegría los primeros pichones que logre no fue fácil, muchas experiencias y necesidad de conocimiento que no encontraba en ningún libro, dudas sobre la temperatura que soportarían en el invierno, porque yo los mantenía en la intemperie, nunca encontré la repuesta en ninguno de los tantos libros que leí, también las formulas de alimentación antes que aparecieran los existentes, los nidos, las jaulas de cría cada cual las describían distintas hasta que llego la del estilo California que es la mas popular y hablaremos de los mismos. Pero la mas grande preocupación era que hacer si se enferman, los veterinarios en su mayoría solo se dedican a perros y gatos ya que pájaros hay pocos y los dueños si estos se enferman no los llevan al veterinario, en algunos casos que fueron llevados a los veterinarios estos experimentaban con sus conocimientos de las enfermedades de otros animales, en la mayoría de los casos fueron fatales, otro motivo de no llevarlos al veterinario por el alto costo.

Una de las cuestiones mas importante en la cría de los loros africanos son los errores que se cometen que suelen costar hasta la vida de los mismos, la prudencia y paciencia son, muy importantes en el desempeño de esta tarea teniéndose mucho cuidado como se hacen las cosas, las experiencias me han enseñado a prevenir todo accidente, en uno de estos casos al sacar un pichón del nido use un pedazo de madera para separar los padres, la madera se me cayo de las manos sobre el pichón y le partió el cuello el pichón murió, en otra oportunidad por apuro quite dos huevos que no habían sacado y varios días después me di cuenta que aun tenían pichoncitos, muchas veces los últimos se demoran hasta 10 días en nacer.

La experiencia mas valiosa es que el conocimiento con mis tantos años de vida 80 se desarrolla en la gran importancia de aprender y lo que para algunos escritores no es importante lo es precisamente para los que mas se interesan los principiantes.

Cuando se están criando a mano con jeringuillas los pichones por naturaleza regurgitan cuando se sienten llenos o no le gusta la comida, pues la madre es lo que hace para alimentarlos, de esta forma mezcla el alimento con sus enzimas para una alimentación mas saludable, también aunque parezca imposible la madre liga la comida con los desperdicios de los pichones siendo esta la causa de la gran higiene y limpieza dentro del nido, los nidos nunca tienen desperdicio ni mal olor, esta es su manera de hacer recíclage.

Por muchos años el loro gris africano congo de plumas rojas en la cola ha tenido una seria participación en las creencias religiosas Afro americana por tradición yoruba, la historia mística de esta nación cuenta que una ves que el pueblo yoruba protesto por la actitud de su rey Chango, al que acusaban de tener al pueblo pasando necesidades y hambre mientras todo el dinero y la comida la usaba para alimentar su ejercito para satisfacer sus deseos de guerra y conquista donde hacia de los vencidos esclavos que después vendía, el consejo de ancianos se reunió y lo sentencio a la pena de muerte por medio de sus esposas que tenia tres Ochun, Oba y Oya, estas tenían que ajusticiarlos. Lo interesante de esta historia es que el veredicto se expresaba con una cesta de huevos de loros grises africano que le fue enviado. Además el significado de las plumas rojas de la cola que han sido usadas por siglos, como parte de la corona de los sacerdotes iniciados.

La pluma roja es única, imposible de falsificar por su centro negro que la divide en dos, entre los creyentes de la religión es valiosa atrae la suerte y se usa en muchas de las ceremonias y se venden hasta $10.00 cada una en las tiendas que venden artículos religiosos afro americanos (Botánicas).

El loro africano Congo es de personalidad propia no hay dos iguales, basado en mis experiencias y conociendo casos donde una hembra buena madre probada, abandona un pichón no alimentándolo, a lo 11 días tuve que quitárselo y seguir alimentándolo, logrando un loro saludable.

Las experiencias día por día enseñan más sobre costumbres y actitudes de los loros grises africanos, sin llegar a conclusiones por lo que se debe estudiar cada una de sus actitudes por extrañas que sean, es posible que al quitarle un pichón muy temprano a una pareja joven esta se intimide y le sea mas difícil volver a tener cría, tengo un caso que tratando de apurar el crecimiento del pichón para venderlo se lo quite a los padres a los 11 días y por largo tiempo no ha vuelto a poner ni un huevo.

Para la salud de los pájaros el calcio es un mineral predominante, es esencial para los huesos la sangre, la contracción de los músculos y nervios de la función del corazón, la absorción del calcio es algo complicada pues es necesario también el fósforo y magnesiun. Artículos altos en calcio son la cáscara de huevo salcochada y seca, brócoli, nabo, berro, zanahorias y altas en fósforo uvas, col, manzanas, almendra, semillas de girasol.

Vitamina D3 es producida en la piel del loro cuando coge mucho sol, y la yema del huevo salcochada.

El loro gris africano es muy sensitivo a la dieta de poco calcio, lo que puede resultar en ataques de nervios y huesos rotos es una buena idea mantener el calcio y fósforo a buen nivel en los loros.

Lista De Lo Que No Deben Comer Los Loros.

Aguacate, café, chocolate, ruibarbo, bebida con gas, bebida de alcohol, comida con sal y grasa, dulce con mucha azúcar, tinta y preservativos químicos, color y sabor artificial, y todo lo que usted sospeche.

capítulo 2

HISTORIA y PROCEDENCIA

Llegaban desde los puertos del Oeste de África a Europa los barcos llenos de esclavos y sus botines que conseguían a través de los nativos por medios de compra o cambio de baratijas y entre los cambios se incluían a los loros, esto nos muestra que en aquellos tiempos la esclavitud andaba junto a el comercio de los Yacos, en algunos puertos solo podían ofrecer para la venta loros domesticados que los sacaban del nido y los terminaban criándolos a mano porque estos eran mas codiciados que los salvajes el costo era mucho mayor que los capturados adultos, las jaulas donde los transportaban eran hechas de bambú en forma tubular de 50 centímetro de largo y 20 de diámetro, con agarradera, ponían un loro en cada jaula para mejor vista y mas precio. El precio variaba en cada puerto y la variación era de 4 a 5 pesos en el 1870 y cuando traían mas el precio bajaba, los puertos eran Accra, Ghana, Gabón, Lagos, también los llevaban a Camerún, Freetown,.

No obstante a todas las dificultades los compradores viajaban a lo largo de la costa buscando loros
para comprar. Por error habían quienes creían que
los loros venían de Cabo Verde y las Islas Cana-
rias porque también eran ofrecidos para la venta
es esos lugares. Pero lo cierto era que estos loros
todos habían sido traídos de África.

Todos los barcos que anclaban en las costas de
África traían loros grises que eran llamados
Yacos"por los españoles y "Jockos" por los in-
gleses.

También los piratas estuvieron comprometidos en
el negocio de los Yacos, cuando un loro chiflaba o
podía decir una palabra su precio aumentaba diez
veces mas de su valor. También los que venían en
barcos veleros valían mas porque se podían aclimatar mejor ya que venían en las cubierta fresco y
cogiendo Sol estos no morían rápidamente, como
los que venían en barcos de vapor encerrados en
cabinas y camarotes sin ventilación además que
si un oficial los veía tenían que soltarlos en medio
del océano por lo que tenían que taparlos para que
no los vieran. Otras de las barbaridades de los
traficantes era que creían que los loros no tenían
que beber agua en toda la travesía y de alimento le
daban pan duro y arroz.

En el 1874 el doctor Reichenow le advirtió a la so-
ciedad que se interesaba por lo que estaba pasando
con el agua y los loros, que era criminal lo que
se les hacia, explicando que estas aves necesitaba
agua constantemente pues procedían de lugares
rodeados de ríos y manglares, años después cuan-

do los europeos comenzaron a criar sus propios loros, los expertos criadores de la época convencieron al publico que poniéndole agua fresca una ves al día era suficiente.

Antes de la segunda guerra mundial el importador en Hamburgo iba directamente a bordo del barco que llegaba del Oeste de África a comprar los loros que traían algunos escondidos otros no, se daba el caso que durante la travesía le enseñaban a los loros palabras obscenas como bromas. Siempre se perdía algún pájaro en la travesía por falta de cuidado del que lo traía y siempre se comentaba que los mas grandes, bonitos e inteligente eran los loros que venían del Congo, también los consideraban los mejores habladores.

El comercio de los loros empezó a tener dificultades cuando ya no habían en las cantidades habituales y esto fue porque no habían tantos nativos colectando loros como anteriormente, la causa otros trabajos mas productivos, la destrucción de árboles al por mayor en las zonas donde habitaban, también los gobiernos colectaban altos impuesto por cada loro que se exportaba. No cabe duda que la populación de los loros disminuyo grandemente a causa de ferrocarriles, industrias y mayor población al margen de los ríos donde ellos habitaban.

Hoy los loros africanos grises esta en las manos de los grande importadores con 24 horas de diferencia entre el pichón en África y el comprador en Europa, y existen cuarentena en todos los países que crea una grave tensión en el joven loro y un gasto mayor en los compradores, pues la cuarentena significa que el pájaro tiene que estar en observación por cuarenta días para averiguar si tiene alguna enfermedad que pueda ser contagiosa y pueda contaminar a todos los pájaros de la nación, por este propósito el gobierno cobra diariamente por la manutención, cuidado y alojamiento a veces hasta dos o tres dólares diario, por cuarenta días si el pájaro se enferma el gobierno lo sacrifica.

Hasta el momento los científicos calculan que existan 750 especies de loros de los cuales 280 se mantienen domésticos que se pueden criar fácilmente en cautividad asegurando su existencia para las futuras gerenaciones, siempre han servido de buenas compañía y son los egipcios lo que tienen el crédito de ser los primeros en mantenerlos especialmente palomas. La Reina Hatsheput (1482 B.C. hasta 1504) tiene el crédito de haber sido la primera en crear un zoológico real. Los antiguos persianos también conocían a los loros parlantes en los primeros años del siglo V, B.C. habiéndose enterado un medico naturalista por medio de un indio mercante. De Egipto paso a Grecia y Roma donde algunos historiadores le dieron crédito a Alejandro el Grande de poseer loros africanos.

El suizo Konrad Gesner (1516-1565) escribió un libro sobre los animales de ese tiempo y de cierto fue el primer autor que describió como vivía el loro gris africano escribiendo lo siguiente: Yo también vi un loro azul cenizas azul claro en su cuerpo entero, nada mas en su cola tenia plumas rojas y era blanco alrededor de sus ojos.

Más de 100 años mas tarde el año 1972 -1873 el Doctor Antón Reichenow fue capaz de observar los hábitos del loro gris en su propio ambiente. El exploro Guinea, la Costa de oro Camerún y Gabón en esos días los loros africanos eran encontrados en grandes bandadas chillando, cantando haciendo mucho ruido era imposible pasar sin verlos y oírlos volaban a lo largo de los ríos y dormían en los grandes y altos árboles que crecían en las orillas de los ríos en gran espesura. Sus vuelos tenían mucho parecido al de los patos con la gran diferencia que ello movían las alas más rápido como si tuvieran miedo de caer. Antes de posarse en una rama se le podía observar que al igual que el halcón se podía mantener en el mismo lugar con el cuerpo vertical, dando la impresión que aun no había decidido posarse, no cabe duda que escogían el árbol mas alto para dormir en la noche y hacia lo mismo todas las noches, la manada siempre llegaba en la tarde a la misma hora y a la siguiente mañana se iban en manadas para los lugares donde se encontraba la comida. Esta observación era fuera de la estación de procrear, porque cuando llegaba el tiempo de reproducir la bandada de loros africanos grises se dividía en parejas, aunque se mantenían en bandadas en la noche se repartían hacia sus propios nidos, la bandada siempre se reunía a la caída de la noche con mucho ruido y movimientos de alegría, cuando la noche caía en su total todo se convertía en tranquilidad y silencio hasta la próxima mañana que volvían a salir para las mismas rutas en las elevadas planicies de la zona donde encontraban los sembrados de maíz semi maduros que al comerlo hacían un gran daño a los que los cultivaban. También volaban hacia los árboles de frutas y era muy atraídos mas que todos a los árboles que producían las semillas de aceite rojo que eran unas palmas gigantescas.

Sus formas de buscar alimento les busco muchos enemigos, que comenzaron a cazarlos para comérselos y vender la carne, pero resulto que la carne era muy dura y de mal gusto para los europeos, también fueron cazados por sus plumas rojas que eran usadas para adornos en la cabezas de las mujeres de otras tribus que las consideraban de gran valor en influencias espirituales de sus creencias religiosas.

Pero en los siguientes años el loro vivo adquirió mas valor eran cazados sin necesidad de matarlos y los nativos los llevaban a los puertos para venderlos, era mas fácil coger a los pichones en los nidos que a los adultos que también le ponían trampas y los copian.

Perseguirlo con jamos era imposible pero los jóvenes de la aldea notaron cuando iban a sacar del nido a los pichones que los adultos se mantenían cerca del nido y comenzaron a ponerles trampa a la salida de los mismo teniendo éxito y capturando muchos adultos. Al principio nadie quería al loro salvaje porque no se podía domesticar, hasta que muchos años después se comenzó en Europa y los Estados Unidos a criarlos en cautividad, no les fue fácil a los primeros pero llegaron hacerlo en ambas partes del mundo. Hubo cooperación y esfuerzos por todas parte y hoy hay más loros africanos fuera de África que en su lugar de origen.

Europa en la época durante el reinado de la Reina Victoria (1837 – 1901) un loro gris fue nombrado por la Reina "Coco" y vivió con ella en el palacio de Sandringhan in Norfolk por mucho tiempo y una de las frases mas populares del loro era " Dios salve a la Reina ". Otra conexión con la realeza de entonces es un loro que pertenecía a la amante de Charles II (1661 1685) y se asegura que fue embalsamado y enterrado y enterrado con ella en el cementerio de Westminster Abbey. También se reconoce como un ejemplo como el mas antiguo loro embalsamado. Los vendedores de pájaros traficaban con distintas especies entre la que estaba los loros grises de África. Muchos fueron los notables dueños de loros en los que estaba incluido el Rey Henry VIII (1509 – 1547) según una anécdota de la época dice que una vez que el Rey cayo en el río Thames el loro pidio ayuda para salvar al Rey. Maria Antonieta también tubo un loro africano gris. Andrew Jackson tenia uno llamado Polly, haciendo la vida interesante en la Casa Blanca.

Desafortunadamente no tenemos muchos detalles ni información de la vida de los loros africanos grises en su nativo ambiente en África, personas que viven en lugares deshabitados explican que estos loros viven en altitudes de 4000 pies de altura donde existen muchos árboles de gran altura, donde ellos se encaraman y vuelan alrededor en busca de alimentos, formando bandadas que juntos salen a buscar además de alimentos agua, cuando la noche esta llegando regresan a sus nidos y lugares donde acostumbran dormir, sus favoritos alimentos en la selva son de varias clases de frutas que se encuentra en el bosque, semillas, y la fruta de la palma de aceite, todo esto no aclara si en libertad ellos comen insectos y gusanos larvas, huevos u otras clase de proteínas de animales, aunque hay quien dice que vuelan a lugares fangosos para comer fango buscando ciertos minerales que necesitan para vivir, también se han observado en sembrados de maíz aun tiernos comiéndoselos todos en poco tiempo por esto que en estos lugares que son plagas son casados y muertos a tiros. Cuando descubrieron que podian venderlos en ves de matarlos los casaban vivos y los vendían a bajo precio, por mucho tiempo esto se convirtió en un productivo negocio.

El nombre científico del loro gris es (Psittacus erithcus) es gris con la cola roja, el pico negro y mide de 12 a 14 pulgadas pesando de 450 gramos a 500 aproximadamente una libra, algunos dicen que llegan a su madures a los dos años de edad otros dicen cuatro, en fin de seguro nadie sabe cuando llegan.

El loro gris africano es sin dudas el mas popular en el Mundo por su claridad al hablar y su inteligencia, aunque su memoria no es muy larga se puede asegurar que mantiene la necesaria para distinguir muchas de sus actitudes con respecto al responder en sentido armonioso, no es cariñoso con el que no conoce ni con el que lo trata mal, para estos casos su memoria es mas larga. Un loro que crié a mano se lo regale a mi nieto Eric, en una de las visitas que hice a su casa en menos de un año fui a acariciarlo y me dio un picotazo que me saco sangre, sin embargo es un loro manso y muy cariñoso hasta con el perro de la casa, Otra cualidad del loro gris es que no es cobarde no huye ni se amedrenta yo los e visto enfrentar perros y gatos, claro es que nunca he dejado comenzar una pelea pues el loro lleva la de perder.

LOS ANIMALES DOMESTICADOS.

Han tomado miles de año para domesticar al perro según su historia, la domesticación es el proceso donde una parte de la raza se muestra adaptada al hombre, ejemplo los lobos se convirtieron en perros mansos cuando fueron criados por humanos después de generaciones escogían lo mas mansos el instinto natural fue alterado para que pudiera vivir con la compañía del hombre, nadie sabe cuando este proceso comenzó quizás en el periodo glacial aproximadamente 14,000 años ante de Cristo(Boessneck 1985).

En contraste con el perro el actual loro cautivo en una o dos generaciones removido de su vida en libertad es domesticado para criar continuando siendo primitivos con millones de años de programación genética de sus antecesores.

Los loros africanos libres (para no llamarlos salvajes,) viven en pequeños grupos aunque después se unen y forman una bandada mayor.

En el proceso de aprender el loro gris toma una actitud muy particular que se puede clasificar en dos partes: Instinto y aprendizaje el instinto es su herencia genérica que todo ser viviente lo posee por lo que es algo muy natural.

Actitud: Esta es donde demuestra su inteligencia que puede ser parte del instinto, el loro gris aprende lo que el quiere aprender lo mismo para hablar que para actuar y aunque su actitud puede ser manipulada por la persona que lo posee a causa del cariño, cuidado y atención, no pueden haber descuidos porque por esta causa regresan al estado salvaje, muchos consideran como manipulación por parte del loro esta actitud, logrando el buen trato y respondiendo con pasividad hacia la persona que lo conciente y mima.

Entender como piensan no es cosa fácil el único idioma que conocen es dirigido por el instinto y expresado por sonidos y movimientos.

Yo he pasado gran parte de mi vida junto a ellos e visto muchos ejemplos en sus actuaciones, sin saberlo he puesto dos machos juntos el de mas edad tratando de pisar al mas joven siendo el dominante, era el primero en comer pasaban tiempo fajándose y en un año el mas joven paso a ser el dominante.

Las plumas rojas de la cola las compraban y por varios años se las estuve arrancando, la gritería que formaban cuando se las estaba arrancando era altísima, algunas veces sangraban pero despúes se reponían y volvían a echar plumas el mayor de edad estuvo conmigo por 30 años se me escapo, el menor lo preste a una amiga que tenia una hembra para que hicieran pareja y murió envenenado pues le empezaron a dar comida de humanos y murió, poco tiempo después murió la hembra.

Lo cierto es que para aquel entones yo sabia poco de criar los africanos aunque tuve Love birds, Tucán, Lorikets y cockatiel siempre me interesaron mas los loros africanos, cuando me decidí a criarlos compre una pareja que me vendió una mujer explicándome que habían sacado pues le pregunte cuantos pichones contestándome que dos y que su mama fue la que crió los pichones, la explicación porque los vendía fue que tenia dos perros grandes en el patio cerca de la jaula que asustaban a los loros cuando debían estar tranquilos y al ponerse nerviosos no criaban. Yo le hice una jaula grande solitaria con nido nuevo a los seis meses puso un huevo y se lo comieron, esto es algo que acostumbran hacer los loros africanos.

Todo lo que dijo fue mentira, la razón, para venderme los loros los que mantuve por dos años, vendiéndolo al mismo precio $ 1,400.00 la pareja, el que lo compro no hizo ninguna pregunta, esto sucedió en Abril 1997. Creía que había aprendido una gran lección y que podía aplicarla en el futuro al comprar loros para criar, y no fue así, después compre una pareja en que le puse por nombre Romeo y Julieta en el mes de Octubre del 2002 y el 26 de Diciembre saco dos pichones y en el año 2003 saco en cuatro veces ocho pichones, esto fue pura suerte, volví al mismo vendedor y le compre tres parejas en Abril del 2003 y solo una ha sacado un pichón que al quitárselo por accidente le partí el cuello y murió, una hembra de las parejas se arrancaba las plumas estaba casi pelona, pero como era de factor rojo (tenia muchas plumas rojas en todo el cuerpo) yo estaba buscando esta clase de loro africano y además me dijo que era la mejor madre de todas, lo creí, otra pareja a puesto dos veces cuatro huevos y no se hecha, la hembra sin plumas puso cuatro huevos el primero blando fuera del nido en el recipiente de la comida los otros tres en el nido, se echó pero no saco ninguno los huevos eran infértiles, ella murió después creo que a causa de envenenamiento de malathion un insecticida peligroso para los animales.

Conclusión: al comprar loros para criar todo cuidado es poco solamente dependerá de la suerte, comencemos por saber que nadie vende una pareja que es muy buena, siempre hay un amigo criador que tiene la primera opción, solo por equivocación o mucha necesidad esto puede pasar, las contestas siempre serán a beneficio del vendedor, no hay formas de comprobarlo, dirán que son probados porque ha sacados muchas veces, que son buenos padres, y porque están cansado de criar y desean retirarse para coger vacaciones y viajar hay muchas excusas por lo que se debe tener mucho cuidado.

Si el vendedor es el propio criador y tiene varias parejas mas. ¿Cual usted vendería si fuera el criador? (Una de las mejores o la que no fuera buena.)

Mayormente los vendedores son personas llamados broker que se dedican a comprar y vender, para que sean parejas solo tienen que llevarse bien juntas a veces dos del mismo sexo son pareja y también pueden ser hermanos, ambas condiciones son malas, para evitar que sean el mismo sexo puede pedir los papeles del DNA asegurándose que sean de los pájaros que usted desea comprar, también le pueden dar los de otras parejas lo mejor es usted mandarlos a comprobar el sexo, si son parejas entonces los compra, sobre si son hermanos esta a conciencia del vendedor.

Estar muy deseoso de comprar funciona en contra del comprador ya que el embullo lo lleva a creer todo lo que le dicen y confiar en personas que no conoce, no querer perder una buena oportunidad es un pretexto usado personalmente, como explique anteriormente la suerte mas que la inteligencia y conocimiento es lo que se necesita.

capitulo 3

ANATOMIA FISICA y FUNCIONES

PIEL

Conocer bien la anatomía de su loro tiene importancia de vida o muerte, para verle la piel a un loro saludable es dificultoso por la gran cantidad de plumas que tiene pero si le apartas las plumas con cuidado le veras la piel, fina semi transparente con los músculo debajo, modificando las células de la piel es como se logra la formación del pico, patas y escamas en las patas y dedos.

EL ESQUELETO

Tiene que saber que algunos de los huesos del loro son huecos, son así para que sean mas ligeros y volar sea mas fácil con el significado que estos huesos son muy susceptible a quebrarse. Por esta razón usted debe tener mucho cuidado al manipular a su loro.

Ellos también tienen bolsa de aire en los huesos, que son llamado huesos neumáticos porque a través del cuerpo esos huesos lo hacen mas ligero y en épocas de volar son los que les enfrían el cuerpo muy eficientemente.

CUELLO

El loro africano gris tiene diez vértebras en el cuello mientras el humano tiene siete, por lo que el loro tiene mas libertad para mover el cuello que lo puede hacer hasta 180° que es un gran beneficio el poder mirar a su alrededor fácilmente.

El esqueleto de la hembra en la época de cría pesa un 20% mas por el calcio que almacena para la cáscara de los huevos.

SISTEMA REPSPIRATORIO

El sistema respiratorio de tu loro es un extraordinario sistema que funciona mejor que el del humano. Así es como respira el aire entra por los nostril de la nariz y pasa a través de las sinuses hasta la garganta, haciendo esto el aire se ha filtrado por la choana que es una hendidura en el cielo de la boca, la choana también ayuda a limpiar y calentar el aire para que entre en el sistema respiratorio, cuando el aire pasa por la choana entra en la laringe y traquea. El loro no tiene cuerdas vocales es la vibración de las membrana de la laringe la que permite al loro hacer los sonidos.

Hasta aquí suena igual a como respira el humano, con alguna diferencia, cuando el aire continua su jornada pasando de la laringe al bronquio los pulmones no se expanden y contraen para recibir el aire, esto no es posible porque el loro no tiene diafragma como las personas, en su lugar las paredes del cuerpo son las que se expanden y contraen, esta operación lleva el aire a las bolsas de aire, que pertenecen al esqueleto como antes explique.

También el sistema respiratorio del loro es muy eficiente para cambiar los gases en el sistema, dos respiraciones son necesarias para hacerlo, mientras el humano solo lo hace con una, por lo que se puede notar al loro respirar rápidamente.

EL SISTEMA CARDIOVASCULAR

Junto con el sistema respiratorio el cardiovascular mantiene el oxigeno y otros nutrientes moviéndolo a través del cuerpo pero también difiere con el humano, en el loro la sangre corre por las patas, el órgano reproductivo y los intestinos bajos pasando a través de los riñones en su camino de vuelta al sistema circulatorio, igual que el humano el corazón tiene cuatro cámaras, dos atrias y dos ventrículos con un rango de palpitación de 340 a 600 por minutos a diferencia de 72 los humanos.

EL SISTEMA DIGESTIVO

Para mantener funcionando las energías en el cuerpo del loro gris es muy necesario el sistema digestivo. La principal función del sistema es proveer los alimentos para mantener en el loro la temperatura que es mayor que la del humano.

La función digestiva del loro gris empieza en el pico el tamaño y forma del pico determina la cantidad y clase de alimento que necesita. Compare el pico afilado de un águila o el largo pico de un colibrí con el pico de gancho del loro gris, si mira bien el borde del pico de arriba vera unas ranuritas que son las que lo ayuda a sostener y partir las semillas cuando esta comiendo.

La boca de los loros funcionan diferente a los animales mamíferos, los loros no tienen saliva para mudar y ayudar a romper la comida como los humanos, como ellos tienen pocas glándulas de sabor le es considerado poca la sensibilidad del sabor.

Después que el alimento deja la boca del loro esta viaja hacia abajo a través esófago donde es humedecidas llega al buche donde es mas humedecida con una pequeña cantidad del liquido estomacal, el alimento sigue viajando a través del proventriculus, donde el liquido digestivo es suministrado a la molleja y el alimento es roto a mas pequeños pedacitos. El alimento sigue hasta el intestino pequeño donde los nutrientes son absorbidos por la corriente de la sangre, todo lo que sobra continua al intestino grande y la cloaca que es el lugar donde se colectan los desperdicios antes de abandonar al loro por donde el desahoga el excremento.. Todo el proceso desde la boca hasta el final toma menos de una hora.

Junto con el desperdicio creado por el sistema alimenticio el riñón del loro crea el orine que es trasportado por el útero hasta la cloaca para su excreción, diferente a otros animales el loro no tiene vejiga ni uretra.

EL SISTEMA NERVIOSO

El sistema nervioso del loro es igual al humano ambos están conectados al cerebro, cuerda espinal y muchos nervios a través del cuerpo cuales transmiten y reciben mensajes al cerebro.

Antes de concluir este capitulo debemos saber que los pájaros son los únicos animales que tienen plumas, las que les sirven para muchos propósitos volar, mantenerse en temperatura, atraer al sexo opuesto y ahuyentar a los predadores.

SEXO

Conocer el sexo del loro gris es dificultoso visualmente los machos lucen guales que las hembras, por lo que no se puede hacer una verdadera definición, creen algunos experimentados criadores que lo pueden hacer, arriesgarse es perder tiempo ya que no es seguro y demora bastante tiempo en enterarte si estaba equivocado.

Si estas dispuesto a crear una pareja para criar el mejor consejo es DNA observación, también existe el de cirugía, análisis de las eses fecales, mi consejo el que siempre he usado DNA unas cuantas plumas enviarla al laboratorio con el costo, problema solucionado en pocos días conoce el sexo. Usted mismo puede arrancarle tres plumas del pecho al pájaro y mandarla al laboratorio.

DARLE MEDICINAS A TU MASCOTA

Muchos dueños de pájaro algún día se ven en la situación de darle medicina por casos de enfermedad, muchos no están seguro si pueden hacerlo por miedo a lastimar el pájaro. Si tiene que hacerlo el veterinario puede enseñarte como medicarlo y la ventaja que tienes a tu favor es si te olvidas de la cantidad que tienes que dar, las veces y hora tienes a quien llamar y también te dirá el tiempo que tienes que dársela.

Los mas comunes métodos de suministrar medicamento son oral o inyectado.

ORAL

Lo usual es con una jeringuilla sin aguja coger la cantidad necesaria de medicina y ponerle la jeringuilla en el lado izquierdo de la boca apuntando al lado derecho de la garganta, esta dirección es recomendada para asegurar que la medicina va al estomago y no a los pulmones del pájaro que de echo puede resultar en neumonía. Mezclar con agua da muy poco resultado ya que los pájaros cuando están enfermos toman poco agua y el inusual gusto lo hace rehusar el agua.

INJECTADO

Los veterinarios consideran que las inyecciones es el método mas efectivo para darle medicina a los pájaros, los lugares para injertar son debajo la piel, intravenosa y en los huesos, los dueños siempre piden que los injerten intramuscular en el músculo del pecho que es el mayor, no cabe duda que es el mejor lugar.

Para esta operación se debe envolver el pájaro en una toalla y sujetarlo firmemente sin dañarlo siempre con un ayudante que sujete con seguridad para que no se mueva mientras le separa las plumas del pecho introduciendo la aguja en el músculo sin pasarla al otro lado donde se encuentran los órganos esénciales para la vida del pájaro, este peligro se corre cuando no se tiene experiencia en inyectar aves.

capítulo 4

MANTENIMIENTO E HIGIENE

La limpieza del lugar donde viven es muy importante para los loros africanos la hembra se ocupa de mantener bien limpio el nido donde cría a sus pichones y el criador debe mantener bien limpios los utensilios donde se alimentan esto, es muy importante para la salud y desenvolvimiento de estas talentosas aves, los gérmenes e insectos se tienen que evitar por la importancia que tienen en la salud y crecimiento hay que tener mucha precaución y cuidado para evitar enfermedades, una de las mejores maneras de desinfectar los utensilios es con agua y clorox al 10% después de enjuagado se pone al sol a secar, todos los días se deben fregar con agua y jabón los utensilios que se usen en la alimentación de los loros también los insectos tienen que ser controlados con la solución de creolina con agua al 10% con la precaución de no contaminar con los insecticidas a los loros.

Los insecticidas todos son muy peligrosos, lo se por experiencia, cierta vez tratando de eliminar las hormigas use el insecticida Malathion mezclado con agua y el resultado fue que de alguna forma la muerte de una hembra que yo apreciaba, por ser de factor rojo, no obstante es recomendable eliminar los insectos usando insecticidas con mucho cuidado sin que tengan contacto con los pájaros, existen insecticidas menos peligrosos en el mercado.

Se a descubierto que el fumar cerca del loro le puede causar trastornos muy grave quizás hasta la muerte, la nicotina es una droga muy usada en los pájaros mayormente en los loros y es tan dañina que una equivocación en la dosis por pequeña puede causar la muerte, solo los doctores o enfermeros con experiencia deben aplicarla.

Si es posible se debe bañar en el verano dos o tres veces a la semana o ponerle un recipiente con agua dentro de la jaula, en el invierno mientras este fría la temperatura no se deben mojar y mantenerlos lo mas resguardado posible hay que recordar que son pájaros semi tropicales, si la temperatura baja mas de 50 grados tienen que ser bien protegidos y ponerlos en lugares no expuesto al frió porque se corre el riesgo que se enfermen y mueran de frió.

Podemos pensar que cuando están libre encontraran diferentes climas y temperaturas, continuando sus vidas normalmente, no debemos olvidar sus naturales conocimientos de sobrevivir por lo que buscaran el refugio apropiado para la situación, nuestros conocimientos sobre estos casos son a base de experiencias.

En los lugares donde las temperaturas lleguen a grados de congelación deben criarse en lugares que exista calefacción para mantener control de la temperatura, en los tórridos las jaulas de cría se pueden tener a la intemperie y protegerlas con lonas, madera o tejido grueso además de ponerles bombillos eléctricos de calor con mucho cuidado para cuando la temperatura baje de los 50 grados Fahrenheins.

Cuando los loros se mantienen en la intemperie también hay que cuidarlos de animales salvajes, ratas y serpientes, si se usa veneno hay que tomar precauciones con los niños y animales domésticos, situándolo en lugares que ni los niños ni los gatos y perros puedan comerlo.

GASTOS DE MANTENIMIENTO

Antes de adquirir su loro gris debe tener en cuenta el gasto que el mismo va a ocasionar no es solamente su costo que al final será lo menor, el costo de las jaula, los accesorios, la comida, los juguetes y el veterinario si tiene problema de salud, recordando que el loro gris puede fácilmente vivir de 40 a 50 años de edad, no seria extraño gastar mas de $1,000.00 al año para darle una buena atención.

Es una buena idea lo mas pronto posible llevar al loro gris para su hogar y mientras mas joven con la experiencia que se le enseñe le de oportunidad a que se ajuste a la rutina de la familia y visé-versa, el tendrá necesidad de tiempo para aclimatarse al nuevo hogar, después que deposite la jaula en su lugar comparta un tiempo atendiéndolo cariñosamente para que comience a perder el miedo y sentirse entre personas amigas, háblele como si entendiera lo que le esta diciendo con tono bajo y dulce háblele de su familia y donde se encuentran, siempre cuando se acerque a la jaula hágalo tranquilo con cuidado a los loros no le gustan las sorpresas, ellos se llevan bien con los niños si estos mantienen las reglas establecidas, hablarle suave y bajo, no gritarle, no moverle la jaula, no pincharlo con los dedos, lápiz en fin con nada, ellos defenderán su hogar y picaran a los intrusos, si puede sacar el loro de la jaula hágalo con mucho cuidado, no saque el loro para afuera del hogar en un lugar que es desconocido para el, puede asustar y salir volando si no tiene las alas cortadas se puede lastimarse o irse y nunca regresar no sabrá como y menos en confusión.

Cuando escoja la jaula para su loro como mínimo debe tener 2 pies de ancho 2 pies de largo y 3 pies de alto siempre tenga en mente que mientras mas grande es mejor, examine varias jaulas y mientras mas las analices será mejor asegurase que la misma no tiene nada que le pueda causar un accidente cortante o que se trabe el loro, se recomienda que las barras de la jaula estén a una pulgada, mas ancha la separación puede ocasionar accidente que le cueste la vida al loro, como meter la cabeza y después no poder sacarla.

Sobre el cuidado de su loro tenga en consideración que no es humano y no puede compartir lo que usted come y ha mordido con su loro, otra prevención importante es no lo bese en el pico los gérmenes que usted posee no le hacen daño, al loro le pueden causar la muerte, si lo besa hágalo sobre la cabeza tampoco deje que le meta el pico en la boca.

"Hay cariños que matan." Y uno de los mas populares es el de los Yacos, como es un pájaro muy cariñoso se gana el cariño de sus dueños con mucha facilidad y en esa abundancia de cariño el exceso suele matarlos por contaminación, como por ejemplo un simple catarro o una gripe de las que abundan si no se protege al Yaco de ellas de seguro que no la sobrevive si no se le lleva con tiempo al veterinario, se gasta dinero y tiempo pudiéndose evitar con simples precauciones nadie con catarro o alguna enfermedad de virus debe acercarse al loro si lo hacen hay muchas probabilidades que el loro se enferme a muerte.

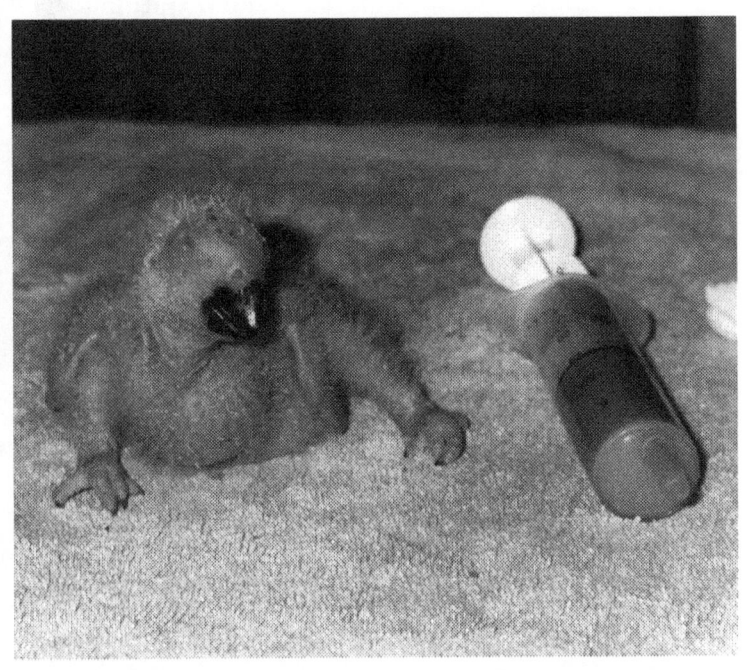

Píchon de Yaco antes de abrir lo ojos se denota salud y buen crecimiento.

capítulo 5

LA SALUD ALIMENTICIA DEL LORO

El humano siempre esta preocupado por su dieta y el mismo se puede limitar lo que desea comer y beber lo que desea beber, algunos por razones obvias tienen que mantenerse años comiendo lo mismo, hasta pueden mantener un plan de vitaminas para balancear la alimentación.

El loro no puede hacerlo la perdida de su libertad y falta de conocimientos no se lo permiten.

Hemos leídos distintas historias donde se ha mantenido a un loro por espacio de 30 años a base de semillas de girasol y banana, suerte para el loro según los nutricionista que se escapo, de lo contrario hubiera muerto de alguna enfermedad de sus órganos interiores.

Leí de un caso que se había tenido al loro por 36 años comiendo semillas de girasol y algunas veces vegetales, un día se enfermo y murió, le hicieron la autopsia y encontraron deficiencias en el corazón y el hígado por falta de vitaminas "A" y calcio. Si hubiera tenido una alimentación balanceada este loro podía haber vivido 36 años mas.

En toda la informaciones que hemos tenido a través de nuestras vidas hemos aprendido que la mejor manera de alimentarse es comer la mezcla adecuada de vegetales, frutas, granos y carnes para obtener todas las vitaminas, proteínas, minerales necesarias para tener un cuerpo fuerte y sano. Lo mismo pasa con los pájaros ellos necesitan todo esto y como adquirirlo, solo una oportunidad que el dueño lo sepa y quiera hacerlo, ya que no es solo la voluntad y el deseo también se necesita paciencia y cariño. El pájaro no puede salir a buscar su alimentación es el dueño el responsable de esta tarea y escribiendo como si fuera un loco la suerte que tienen los loros es lo caro que cuestan, tener un loro es una costosa inversión que para poder mantenerla se necesita amor, devoción y dinero. Así es que todo aquel que compra un loro siente y sabe lo que tiene que hacer.

Volviendo a las semillas hay que entender que deben ser buenas cuando pueden mantener 36 años al loro, por lo que no debemos desecharlas y si ligarlas con los otros alimentos, mi experiencia alimentando con semillas básicamente a mis loros me ha enseñado que es lo que a los loros le gusta mas y por ignorancia me acostumbre a dársela como costumbre, después de recibir educación nutricionista he tenido que reconocer y llegar a la conclusión que es cierto el bienestar para la salud del loro, por lo que ahora me preocupo mucho mas por la alimentación balanceada algo que nunca hice antes.

LAS BOLITAS

Mucha propaganda se hace para introducir en la alimentación de los loros las bolitas nutritivas criadores, veterinarios y serios conocedores de las aves las recomiendan. Las grandes compañías de alimentos de animales se han interesado en crear este tipo de alimentación para ayudar a proteger la salud de los pájaros y entre ellos la del loro gris.

Las bolitas son el resultado de la combinación mezclada en la alimentación de vitaminas, proteínas y minerales todo en una simple bolita, los grandes esfuerzos de los técnicos de esa materia se han forzado en crear la realidad de este súper alimento, que como resultado ofrece la buena alimentación con todas las características naturales, la fácil distribución de la misma y a la larga un ahorro en los gastos de las vitaminas y vegetales.

Pero como todo lo que brilla no es oro, las bolitas tienen su parte negativa y muy importante a los pájaros no le gustan y las tienen que comer sin remedios. Como seres humanos que somos y nuestros sentimientos juegan con nuestras decisiones estas a veces nos obliga a decidir a favor de nuestras mascotas invitándolos a que coman igual que nosotros los que le gusta, algo que nos cuesta mas pero nos hace sentir mejor, mas preocupado por la salud de nuestros amigos ofreciéndoles vegetales, semillas y las vitaminas necesaria para una beuna salud.

Si los loros pudieran ellos vivirían solamente de semillas, como todos desearían vivir a base de las comidas que le gustan, aunque toda comida y semillas no tienen los ingredientes suficientes para una vida saludable.

Hacer cambiar de costumbre y gusto por alimentos que sean mas sanos y nutritivos es un serio desafió que de llegarse hacer tomaría tiempo y dinero pues mucho alimento será desperdiciado y lo ideal seria en la dieta diaria del pájaro un 30 % de semillas un 20% de bolitas y el 50 % restante de vegetales y frutas.

Siempre recuerde lo que no debe ofrecerle a su loro, Aguacate,chocolate, cafeína, bebidas con gas y alcohol, nada que contenga azúcar, alimentos con grasas, ni semillas de cerezas, durazno, carozo y otras que usted no confié.

La vitamina "A" /Beta caroteno. Mantiene el revestimiento de los tejidos, tracto respiratorio, reproductivo, digestivo y urinario. Y se encuentra en batatas, ñame, zanahorias, yema de huevo, brotes de alfalfa, nabo, brócoli, remolacha, acelga, ajies verdes, ajies rojos dulces, calabaza, mango, papaya, melón de castilla, espárragos.

Vitamina "B". Participa en las reacciones metabólicas y en la producción de energía a nivel celular, además de crecimiento interno. Se encuentra en huevos, nueces, semillas de girasol, verduras de hojas verdes, cereales, granos, espárragos, brócoli, limón, bananas.

La vitamina "C" (ácido ascórbico). De gran importancia en las situaciones de estrés un nutriente con propiedades antiinflamatorias, antihistamínicas, antioxidante y antiestrés. Se encuentra en papas, batatas, brócoli, morrones rojos, pimientos verdes, tomates, espárragos, arvejas, rabanitos, acelga, guaba, kiwi, naranjas y jugo, papaya, coliflor, fresas, melón, repollitos de Brúcelas.

Vitamina "E" Un antioxidante que protege las membranas celulares.

Se encuentra en la yema de huevo, verduras, hojas verdes, brotes de alfalfa, avena, germen de trigo, jugo de papaya, semilla de girasol, castañas de caja, granos de lima y semilla de girasol.

Proteína : provee aminoácido (los bloques constitutivos del cuerpo). Sirve de soporte, de la estructura ósea (muy importante para los loros grises africanos).Se encuentra, en la yema y clara de huevo, comida con soja, yogurt sin sabor descremado, queso descremado, queso cottage descremado, pollo bien cocido y huesos de pollo, pescado, pavo, atún en agua, arroz integral, pastas enriquecidas, nueces, amarantos, quinua, combinación de arroz con frijoles/porotos, manteca de maní, tofu.

Calcio: se ocupa del crecimiento y huesos fuertes. Se encuentra en cáscara de huevos hervida y molida, queso.

Zinc: Ayuda en las reacciones enzimáticas, la digestión de carbohidratos, facilita la acción de la vitamina "B" la circulación, el funcionamiento del hígado y del sistema inmunológico, la síntesis de proteínas y el crecimiento celular, la salud de la piel, huesos y articulaciones, la cicatrización de heridas y el crecimiento de los órganos de reproducción. Se encuentra, Arvejas, legumbres, nueces, verduras con hojas abundantes, semillas, sésamo, girasol, calabaza, yema de huevo, granos germinados.

Selenio: Es un importante antioxidante, que por lo general se combina con la vitamina "E". Protege al sistema inmunológico de daños al evitar la formación de radicales libres. Se encuentra. Huevos, semilla de sésamo, girasol, granos enteros, verduras, ajos.

Lodo: Necesario para el metabolismo celular normal, el metabolismo de las grasas en exceso y la función de las tiroides. Se encuentra en el nabo, semillas de girasol, soya, calabaza de verano.

Semillas germinadas son de gran nutrición para los loros y demás pájaros porque contienen muchos nutrientes y vitaminas necesarias para la buena salud Si desea comprarlas listas para comer puedes encontrarlas en tiendas en las tiendas de artículos para las salud o se desea hacerlas esta es una de las formas. Esto es lo que necesita una fuente de asar pequeña papel plástico transparente para poder observar el crecimiento, un colador y semillas frescas para que puedan nacer.

El Excepcional Yaco

Primero lavar las semillas y pasarlas por el colador para escurrirlas, ponerlas en agua por doce horas, quitarle el agua y lavarlas pasándolas por el colador con el agua corriendo, volverlas a poner en agua por otras doce horas, cuando empiecen a nacer recogerlas y dárselas a su loro, así es de fácil.

Canet alimentando los pichones de sus cría.

capítulo 6

ALIMENTACION

Desde temprana edad se debe acostumbrar al loro a ponerle la comida siempre a la misma hora y la mejor es por la mañana una vez al día y si esta criando dos veces especialmente vegetales y frutas por la tarde.

Frutas: manzanas, bananas, mango, uvas etc. Vegetales zanahorias, brócoli, apio, pepino, ají, coco, piña, habichuela, maíz, casi todos menos aguacate porque muchos criadores consideran que es venenoso. El calcio es fundamental en la nutrición diaria porque al no tenerla el cuerpo lo toma de los huesos y lo vuelve frágil expuesto a fractura de los huesos, en otro capitulo explicamos como proporcionarle el calcio, también el huevo salcochado duro le gusta mucho y es bueno para la dieta de proteínas.

Cuando todos creen tener un conocimiento de cómo alimentar a un loro gris y ve la gran ventaja que tiene al ofrecerle un alimento balanceado y preparado agrádese ese gran avance en la nutrición. Todas las vitaminas, minerales y proteínas que el loro necesita en un solo alimento, teniendo en cuenta el habito de escoger entre mucha comida la que mas nos gusta, notamos que no hay diferencia en la clase de alimentos entre los loros y los humanos. Las vitaminas que se obtiene por los alimentos que se le ofrecen son superiores y menos dañinas que las que se obtienen a través de las químicas. La mejor manera de suplir variedad de alimento es a través de la variedad de comida. El loro gris no comerá variedad de comida, el escogerá la que mas le gusta y es la que comerá.

Muchos loros cuando les ofrecen cantidad de comida, comen por recreación olvidándose del resto del entretenimiento.

Los loros grises se resisten a los cambios y de coger buenos hábitos.

Estos loros son quisquillosos para la comida sospechando de todo nuevo alimento por lo que toma varios días a que se acostumbren al nuevo sabor, también son temerosos antes los extraños y lo demuestran cuando no quieren actuar frente a ellos. Las semillas son gran parte en su dieta aunque le gustan las semillas del ají, calabaza y otras pero las preferidas son las de girasol.

Muchos criadores prefieren alimentarlos con (pellets) bolitas de alimentos especial para loros porque tienen todo lo necesario para la alimentación de los mismos sin necesidad de darle vegetales ni vitaminas. Eso es lo que dicen los fabricantes de estos productos pero se ha probado que los vegetales y la fruta fresca no tienen sustituto siendo también muy buenas cuando esta criando, a los loros no le gustan las bolitas y solo la comen cuando no tienen otro alimento, comiendo poco, el asunto de la comida es algo personal si se tienen enjaulados por toda la vida produciendo como maquinas. ¿Por qué no alimentarlos con lo que les gusta?. Es solo cuestión de centavos.

Los loros africanos libres en África comen flores, frutas, semillas, ramas, hojas y tierra esto ha sido comprobado científicamente, el los bosques tropicales en África como la tierra se mantiene húmeda se han visto los loros por cantidades comiendo plantas y tierra, este habito se llama geophagy, existen hallazgos de minerales en los buches de estos loros, de las única forma que esto suceda es comiendo tierra no hay datos que coman insectos. Sin embargo hay criadores que en la época de cría le ofrecen como suplemento de proteínas gusanos blancos grandes (mealworm) al principio los miran con extrañeza pero al ver otros pájaros comerlos ellos también empiezan a comerlos.

Al principio hubo quien crió loros grises en comunidad y le daba en la comida gusanos porque tenia vaquería y le era fácil conseguirlos por lo acostumbro a sus loros a comerlos, hoy es mas difícil, mas caro y para muchos repugnantes el estar manipulándolos. Hay un dicho que explica.(El hombre es un animal de costumbre). Los loros también lo son, ellos se acostumbran a comer de todo y la mejor prueba es que comen bolitas o pienso.

La dieta de los humanos es similar a la de los loros con la diferencia de la sazón, sal y azúcar, pues ellos pueden comer comida cocinada como arroz, frijoles, harinas, vegetales todo salcochado sin sal ni grasas, ofrecerle pan o galletas al loro no es saludable, a largo plazo sufre de enfermedades producida por la sal y grasa que al humano a veces también afecta, alimentarlo con semillas solamente resuelve el asunto de la comida pero invita a la enfermedad por falta de ciertas vitaminas y encinas que son muy necesarias para la salud de los loros.

El agua fresca diariamente es muy importante y como precaución hay que asegurarse que sea limpia como limpio también el recipiente donde se le ofrezca.

Cuando no se tiene conciencia de lo que el dueño representa para su pájaro, este se vuelve en un tirano que maltrata, el pájaro depende de usted, el aprende a comer y beber lo que usted le da, aprende a vivir en las condiciones que usted lo obliga vivir, por lo tanto si desea tener un pájaro no sea cruel. El maltrato tiene nombre (Crueldad animal).

Como precaución con el agua se debe estar seguro que el agua es limpia y pura, si no se ha usado anteriormente el agua debe dejarse correr por unos minutos par asesorarse que no posee la bacteria (Pseudo monas) que vive en las tuberías de agua potable, estas bacterias no son dañinas para los humanos pero son una potencial fuente de enfermedades para los loros.

Vitaminas deben ser rociadas en polvo sobre la comida de los pájaros especialmente en los vegetales cortados en pequeños pedacitos, poner las vitaminas en el agua tiene dos desventajas.

Primera, convierte el agua en mediocre donde muchas bacterias se pueden criar y hace que pierda su naturaleza de pura y fresca. Segunda, muchas clases de pájaros dependiendo de donde son oriundos no beben gran cantidad de agua, por lo que no recibirán el beneficio de las vitaminas que se ponen en el agua.

Siempre que trate de poner suplementos en el agua y comida asegurase que esto no esta previniendo el comer o beber de los mismos, los pájaros son muy desconfiados y atento a todo lo que sucede a sus alrededores y si notan que sus aguas y alimentos han sido alterados pueden negarse a no tomarlo ni comerlos, por lo que se recomienda cuando se altere algunas de las costumbres se vigile bien de cerca si continúan bebiendo y comiendo bien, porque puede ser que se estén enfermando por no hacerlo.

La nutrición siempre es un área de problema en la cría de los loros, el dueño sabe lo que es bueno para ellos, el loro no lo sabe, debido a la gran cantidad de diferentes comidas para pájaros todas buenas con los ingredientes y vitaminas necesarias para una buena nutrición y la excesiva campaña de anuncios todos quieren lo mejor para su mascota y la verdadera realidad es que el pájaro no coopera y aquello que según las estadísticas y estudios llegan a la conclusión que(la semilla de girasol) no es buena para los loros, el dueño preocupado al conocer esto se apresura a comprar una alimentación que viene en forma de bolitas de distintos colores, especialmente costosa y después de todos los conocimientos y gastos el pájaro lo desprecia.

Por mas de 15 años estuve alimentando a dos loros africanos con semillas de girasol y bananas, lo mismo años tras años y nunca tuvieron ninguna clase de problemas.

Pero muchos loros se mantienen en pobres condiciones porque los dueños consideran que los están alimentando bien, la dieta puede ser aceptable pero aunque los loros luzcan saludables puede muy bien que no lo estén ya que el loro gris tiene la tendencia de lucir siempre saludable, cuando en realidad debe estar sufriendo de mala alimentación que al pasar del tiempo puede afectar gravemente la salud del loro.

Hoy debido al adelanto que existe sobre la alimentación completa de los loros las grandes compañías alimenticias no pierden tiempo en promover sus alimentos diciendo que los mismos son la solución de todo padecimiento producido por falta de valores alimenticios contando con las vitaminas y proteínas necesarias en lo que se le ofrece a los loros.

Usando estas ideas y no teniendo en cuenta la procedencia e importancia de la naturaleza primitiva, lo que se esta haciendo es cambiando todos los sentidos primitivos sin importarnos el cambio en la propia naturaleza del loro. Encontrándonos en la misma situación del pavo americano que la hembra pone los huevos pero no se hecha sobre ellos para empollarlos porque a través de tantos años usando la incubadora se ha perdido el instinto natural de la procreación.

El desperdicio de comida en el fondo de una jaula es superior ocho veces a lo que el pájaro come, pero la mascota no lo entiende y sigue votando la comida que otros pájaros libres en el patio enloquecen cuando la encuentran.

Evitar los gastos y trabajo de cortar las frutas y vegetales y semillas, cambiándolo por el gasto del alimento completo en vitaminas, minerales y medicado debe ser de bienestar para ambos el pájaro y yo, el desconcierto se apodera del dueño cuando nota que su bien amado pájaro no acepta el cambio y ha decidido morir en vez de cambiar para mejor alimentación.

Los cambios no se pueden hacer de un día para otro a veces lleva meses, años por lo que es preferible aceptar los hechos y gastos que son mejores que perder al pájaro querido, compre poca cantidad del alimento que desea introducir y póngale junto a la comida diaria un poquito, acuérdese de la desconfianza de los pájaros esta es una de sus armas de protección, el desconfiara al principio de los nuevos colores y se preguntara que es esto, ellos se fijan en todo y delante de el pájaro cuando este jugando con el cójale una de las bolitas y póngasela en la boca si el ve que usted la come de seguro que pronto cuando usted no este delante lo va hacer, bolita es alimento se la puede comer y no le hará daño a usted. Poco a poco aumente la cantidad de bolitas de alimento y disminuya la otra comida, con el tiempo enseñara a su pájaro a comer comida balanceada.

Enseñar a su mascota comer retoño de semillas es muy saludable las puede comprar o si la desea crecer usted tiene que aprender bien como hacerlo porque también tiene la oportunidad de crecer bacterias muy dañinas.

Uno de los errores mas frecuentes que se cometen sobre la dieta de los loros es que al notarlos saludables no tenemos preocupación como lo estamos alimentando y que le estamos ofreciendo, sin embargo esta pasando hambre debilitándose poco a poco por nuestro desconocimiento sucediendo lo que no deseamos nunca que suceda perder un amigo por ignorancia. El loro igual que los niños tienen preferencias por algún alimento que puede que no sea lo suficiente alimenticio para ofrecérselo constantemente, evitar el dulce en todo momento ni aun cuando se esta entrenándolo es primordial el dulce es dañino para la salud, cuando un pájaro esta libre como la alimentación es poca la naturaleza los protege dándole lo necesario para lo que coma no le haga daño además de la salvaje inteligencia que será la que lo mantendrá con vida, por esta situación muchas veces al escaparse el pájaro coge pánico cuando ve una persona y piensa por su trato con otras que no le van hacer daño y se deja coger, el pájaro salvaje nunca permite que usted se ponga a su alcance, ni aceptara comida de su mano y aquellos que la aceptan corren el riesgo de aceptar comida que le va hacer daño y le puede ocasionar hasta la muerte, este es el motivo que en casi todo los lugares que exhiben animales salvajes no permiten al publico darle comida y solo en aquellos lugares que el alimento es suministrado por medio de la venta donde puede adquirirlo, que es la comida que se le puede dar a los animales.

LISTA DE VEGETALES Y FRUTAS

Los vegetales la mejor forma de darle vitaminas y minerales a los pájaros. Zanahorias, boniato, calabaza toda clase, remolacha, maíz, habichuelas, habas limas, frijoles todas clases, apio, zukini, pepinos, ají, acelga, espinacas, brócoli, bananas, manzanas, peras, melocotones, uva, piña, mango, papaya, canistel, todos menos aguacate.

GRANOS DUROS

Todos los frijoles se pueden ablandar cocinándolo solo con agua, frijoles negros, blancos, colorados, chicharos, lentejas, garbanzos, frijoles de carita, pintos, gandules y otros. Después de cocidos se dejan enfriar y se le sirven con los vegetales.

Cuando se hace comercialmente todo cambia, se pierde el contacto con el pájaro, el trato es solo mantenimiento lo necesario para lograr el propósito, hacerlos que críen mas para que la producción sea mayor con el menor costo posible, por lo que la alimentación es pelet (comida de pájaro preparada y seca.) rápida en servir, menor costo.

la comida para alimentar los pichones es Kaitel en polvo para pichones de loros. Es muy bueno y recomendable yo lo uso siempre y nunca he tenido problemas, la forma de prepararlo fácil echarle agua bien caliente a la misma cantidad del polvo alimenticio ligada con comida de niño usando preferiblemente los vegetales. Manzana, banana, zanahoria,. habichuela, boniato, calabaza y las proteínas. Carne de res, pollo y carnero mezclarlo con una batidora para romper los pelotones que se forman y que la mezcla parezca una sopa de crema. Al momento de dársela al pichón se debe tener mucho cuidado en la temperatura de la mezcla, fría la desprecia y rehúsa fuertemente en comerla y caliente además de rehusarla puede quemarle el buche por toda estas consecuencias se debe evitar los errores que conducirían a ciertos problemas difíciles de solucionar la correcta temperatura es cuando se pone en la piel de la mano y se siente tibia. Algunos de los criadores y la compañía que fabrica el alimento recomiendan que después de cada comida se bote la restante por miedo a que se contamine con gérmenes dañinos a la salud de los pichones, yo sinceramente no la boto y la guardo rápidamente en el refrigerador volviéndola usar en la próxima comida hasta que se acabe y haga mas, mi consideración es que el alimento en polvo es costoso y no se puede estar botando como algunos surgieren. un pichón de 4 semanas come 4 veces al día 20 CC. según va creciendo el mismo enseñara la cantidad que desea comer, el buche se llena plenamente pero no es practico sobre llenarlo, si nota que con 20 CC. no esta lleno y sigue aceptando comida le puede seguir dando, cuando el no quiera

mas el sabe como rehusarla y usted no lo obliga-
ra, las señales de parar el buche lleno y el pichón
negándose a comer mas. Algunos días comerá 80
CC. otros no si desea llevar cuenta de lo que esta
comiendo puede ir anotándolo.

veces onzas temperatura humedad

4 – semanas =   4 20 C.C. 9.5 91 " 64

5 – semanas =   4 " 35 C.C. 14 " 90 " 66

6 – semanas =   3 " 50 C.C 16 " 88 " 56 "

7 – semanas =   3 " 50 C.C. 18 " 88 " 55 "

8 – semanas =   3 " 55 C.C. 22 " 88 " 55 "

9 – semanas =   3 " 55 C.C. 23 " 88 " 55

10 – semanas = 3 " 60 C.C. 24 " 80 " 55

11 – semanas = 3 " 60 C.C. 24.5 se le quita
el calor

12 – semanas = 3" 60 C.C. 25 se le comienza a dar vegetales y

13 – semanas = 3" 50 C.C 25 frutas

14 – semanas = 1" 50 C.C. 25 Se le sigue
dando una ves al día hasta
que no la quiera.

Para proporcionar el calor puede usar una frazadita eléctrica sobre donde tenga al pichón, dejando
espacio para la ventilación, también necesita un
termómetro y hidrómetro para controlar el calor y
la humedad, mucho calor hace daño al igual que
mucha o poca humedad.

Si desea hacer su propia formula para los pichones
estas son las intrusiones.

Para hacer la cantidad que desee tendrá que aumentar o disminuir las cantidades, de esta condición se dará cuenta enseguida que empiece.

Todo lo indicado lo echara en una batidora eléctrica.

Cereal sin azúcar una taza. Puede usar hasta dos diferentes.

Primero muele los cereales y productos secos, los pone aparte.

Frutas frescas dos tazas después de limpia y cortada chica.

Vegetales frescos dos tazas después de limpio y cortados.

Una yema de huevo salcochada.

Un pomito de carne de res comida de niño. Puede turnarlo con otras carnes de comidas de bebitos.

½ media cucharadita de polvo de calcio y vitamina D.

Los junta todos en la batidora y los mezcla, para encontrar la consistencia de la sopa en crema le liga agua.

Tenga en mente que no se le da agua el la tomara de la formula que usted le hace.

Si le sobra formula la pone rápidamente en el refrigerador y cada ves que se la de al pichón la tiene que calentar en el microwave hasta ponerla tibia, nunca caliente ni fría, caliente mata, fría la rehúsa.

Se pueden cambiar los ingredientes manteniendo las proporciones nuca le de azúcar, chocolate, aguacate ni comida que contenga grasas ni aceites.

capítulo 7

CUIDADOS DE EMERGENCIA

Si tienes loros por mucho tiempo, algún día tendrás caso de emergencia no importa el cuidado y conocimientos que tengas. Es muy importante saber que los loros esconden las enfermedades esta actitud obliga a estar atento todo el tiempo a los cambios que se produzcan en los mismos, el menor síntoma que indique enfermedad debe ser tomado rápidamente con seriedad, el cuidado es inmediato porque según experiencia de muchos las emergencias ocurren en enfermedades que hace tiempo padece el loro y el final es el resultado de una enfermedad crónica.

LO QUE NO DEBE HACER EN CUIDADOS DE EMERGENCIA.

No le de al pájaro medicina que fue indicada para humanos o prescrita para otro pájaro.
No le de al pájaro medicina sugerida por amigos.
No le de al pájaro alcohol o laxantes.

No le aplique al pájaros aceite o pomadas medicinales.

No bañe un pájaro enfermo.

Llevelo rápidamente a un veterinario.

Hay varias cosas que hay que mantener presente cuando se atiende un pájaro de emergencia. Primero mantener la calma y al pájaro calmado lo mas posible, debe saber que el pájaro esta muy excitado por el accidente o enfermedad, el pájaro esta nervioso y usted puede ponerlo mas en ves de ayudarlo, si esta sangrando lo primero es parar el sangramiento y envolverlo en una toalla tibia y procurar no manipularlo mucho.

Después que lo estabilice llame la oficina del veterinario para que reciba nuevas instrucciones. Dígale que es una emergencia que su pájaro a tenido un accidente, Descríbale el accidente claramente y con calma y escuche con atención las instrucciones que le van a dar para que usted la siga al pie de la letra. Recuerde que no debe descuidar la forma en que manipula al pájaro, hágalo con extremo cuidado. Cuando mueva a su pájaro hágalo lentamente y háblele para calmarlo con voz baja y tranquila para darle confianza y seguridad a su pájaro.

Para coger un pájaro herido o enfermo hágalo con una toalla y póngalo donde lo va a llevar para que se sienta cómodo, si lo puede transportar a la oficina del veterinario en su propia jaula la toalla es innecesaria. Las toallas hace mas fácil transportar los pájaro heridos, casos de emergencia los pájaros bien mansitos y cariñoso pueden morder a sus dueños por el dolor que están sintiendo, no se siente bien y están asustados. Con la toalla protegen al pájaro y también sus dedos, para los loros use una toalla grande.

Para coger el pájaro envuelva la toalla en su mano y trate de atrapar su pájaro dentro de la jaula, coger el pájaro por el cuerpo dejándole la cabeza descubierta para sacarlo con cuidado de la jaula, trate de envolver todo el cuerpo y las alas con cuidado si apretarlo dejándole controlada la cabeza fuera y así llevarlo fácilmente al veterinario.

Pensando en estos momentos se recomienda enseñar al pájaro a jugar con la toalla para que no le tenga miedo en caso de emergencia.

En los pájaros hay varias bolsas de aire localizados dentro del cuerpo, necesarios para respirar y crear flotación para poder volar si una de estas bolsas se rompe accidentalmente el aire se ira acumulando debajo de la piel creando problemas en la propia salud del pájaro. Esta condición es conocida como enfisema subcutánea.

El aire acumulado debe ser extraído rápidamente para no correr el riesgo que la herida se haga mayor, la piel donde se halla la herida se debe limpiar bien con desinfectante por lo menos dos o mas veces a la semana y si esta muy inflada con una tijera fina desinfectada hacerle un pequeño corte para que salga el aire y continuar el tratamiento haciendo lo mismo con una jeringuilla con aguja estirelizada, de acuerdo con el Dr. Rosskopf la bolsa de aire se repara ella misma.

capítulo 8

ENTRENAMIENTO

Es muy practico para mantener la compañía de un pájaro enseñarlo a ciertas normas de cuidados y obediencia.

El juego de la toalla. Enseñarlo a no tenerle miedo a la toalla para que en el momento de trasladarlo o sujetarlo para cortarle las plumas de las alas o las uñas no halla ningún problema.

Desde muy temprana edad se usa una toalla para jugar, de esta forma se acostumbrara a la toalla y cuando se necesite no será difícil cubrirlo con ella.

El loro gris africano para recordar es como el elefante si le haces daño no te olvida, tampoco le puedes escoger los amigos, el es quien los escoge a veces toma tiempo a que te deje acariciarlo, puede que nunca. Y si te acepta como amigo no lo maltrate porque no te perdonará, si jugando el te muerde un poco duro lo a echo por el embullo de la alegría no lo regañe con voz alta ni le pegues, nunca lo castigue de esa manera, sin hacer nada deja de jugar y retirarse así el comprenderá que hizo algo malo, no volverá a tratar de volverlo a morder, fue un accidente que no volverá a pasar.

Todo el entrenamiento debe ser a base de buen trato juego y cariño que a loro le guste lo que esta haciendo. Para quitarle el miedo a las persona presente, no les permita que participen en el entrenamiento, hay muchos loros que son muy buenos habladores y no hablan en publico hay que enseñarlos a no temerle al publico y que cuando esta con usted se sienta seguro, no trate de pasarlo de su mano a la de otra persona ni de tratar de calmarle al temor, al contrario explicarle que con usted esta seguro y nada le pasará, al aprenderlo estando usted delante hablara y mostrará todo lo que sabe.

Algunos, no todos los loros quieren ser acariciado por su persona preferida, ellos tratan de expresarse con movimientos, si están dentro de la jaula bajan la cabeza para que le hagan cosquilla en la cabeza pero si alguna ves al tratar de hacerle cosquilla rápidamente te da un picotazo hay que tenerle desconfianza, si el loro estuviera fuera de la jaula su actitud es diferente y nunca trataría de picarte, para ellos la jaula es una seguridad, entre ellos su manera de entenderse son los movimientos y gritos, las parejas cuando se llevan bien se acarician cuando están en desacuerdo hacen movimientos bruscos y gritan pero de ahí no pasan, es muy difícil que se lastimen.

Para buscar el lado bueno del loro y su aceptación de ser entrenado hay que buscar algo que le guste y ofrecérselo como estimulo cuando haga algo bien hecho, algunos ofrecen semillas de girasol si estas son parte de la dieta diaria le ofrecen otra semilla como maní o de calabaza hay que buscar algo que lo embulle a seguir aprendiendo, nunca le ofrezca nada que contenga azúcar o chocolate.

Hay muchas palabras y trucos que enseñarle pero lo interesante es que el escoge lo que el quiere aprender no lo que tu deseas enseñarle, sicológicamente están muy bien entrenados siendo muchos lo que dicen que son grandes manipuladores, al oír esta versión sobre la actitud del loro y estudiarla tenemos que reconocer que verdaderamente lo son.

EL MAL CRIADO LORO GRIS Y SUS MOTIVOS

El loro africano gris es reconocido como un loro fastidioso, por sus costumbre, es un loro que no le gusta defecar dentro de la jaula donde come y duerme, así es que algunos dueños que les mantienen las puertas abiertas de la jaula también le crean un espacio donde lo puedan hacer, este habito se le puede enseñar fácilmente el probablemente escoja una o dos áreas donde desee hacerlo, se le debe facilitar la manera de llegar a ellas, este comportamiento puede deberse al cuidado que tiene de no ser atacado por sus predadores, es una sorpresa cuando el dueño nota que su pájaro tiene lugar de preferencia para defecar, esto varia de pájaro a pájaro pero usualmente persiste esta costumbre en los loros grises, que no tiene motivo para cambiar esta conducta, y es cuando el dueño se pregunta. ¿Porque no duerme donde caga? Esta es una enseñanza de la inteligencia de algunas clases de pájaros. Los predadores nocturnos buscan sus presas por los rastros del olor y la presencia de los excrementos que les sirven de guía para encontrar las victimas.

Los pájaros como antes he dicho es animal de costumbre cuando se atiende una mascota como si fuera persona el se acostumbrara a toda enseñanza y si en una ocasión la costumbre se altera por disciplina sufrirá las consecuencias esta medida se aplica si un día se va de viaje el dueño y la persona indicada para alimentar al pájaro se demora mas de lo acostumbrado el mismo sufrirá una alteración que si es continua termina en adaptarse y al regresar la normalidad será distinta y el pájaro tendrá que volver a acostumbrarse, no podemos olvidar que estamos lidiando con un pájaro inteligente que a su alcance esta hasta cuando tiene que estar cambiando y el día menos pensado encuentra su repuesta y comienza aplicarla, arrancándose las plumas dejando de hablar y hacer monerías y volverse serio, triste y agresivo como algunas veces encontramos los pájaros que adquirimos de segunda mano.

Por lo que el dueño al verse defraudado decide deshacerse de el, lo vende o lo regala.

Pero si desea continuar con el pájaro sin cometer errores importantes puede comenzar a darle entrenamiento para que descargue donde escoja y al tiempo que necesite debe tener en cuenta todo lo siguiente.

Ponerlo en una jaula grande con suficiente espacio par que el pueda determinar donde debe hacer sus necesidades y no obligarlo que lo haga donde usted quiera porque es sumamente fastidioso tener que estar encerrado por tanto tiempo en una jaula. Pero si de verdad usted siente cariño por su loro no debe darle entrenamiento para evitar crearle tensión nerviosa cuando en definitiva a usted no le afecta donde lo hace.

COMO DESIFRAR EL LENGUAGE DE LOS LOROS GRISES

La mejor manera de conocer a tu mascota es observándola como Explora su jaula y estar atento a sus movimientos que es su lenguaje o medio de entenderse con el dueño, también alerta a sus reacciones.

Unos de los signos de relajación es hacer ruido con la lengua y la parte baja del pico haciéndola vibrar con la parte superior del pico, el resultado es un suave sonido, ellos hacen esto antes de dormirse.

Erizarse las plumas significa que están tranquilos y descansados, Pero cuando es en la cabeza alrededor del cuello, esto es señal de enfermedad peligrosa. La mayoría del tiempo los loros grises duermen con la cabeza metida debajo de las alas, también los puede ver de día descansando de esa forma cuando el dueño se encuentra fuera en su trabajo.

El loro tiene mas de dos mil plumas en su cuerpo por lo que emplea mucho tiempo limpiándoselas se pone la pluma en el pico y la limpia con la lengua, ellos también restriegan sus cuerpos en la glándula de aceite que están en el cuerpo del loro, en su parte trasera y baja que la cogen para engrasar todas las plumas, esta acción es instintiva y también la posibilidad de aprender con ellos.

Jaulas grandes para criar una pareja en cada una.

capítulo 9

PRECAUCIONES DE SEGURIDAD. Y LOS CINCO SENTIDOS

Varias precauciones de seguridad deben tomarse cuando se tienen loros grises, antes de dejar lo salir de la jaula cortarles las alas, tener cuidado de los perros y gatos, las ventanas y puertas cerradas, tanques de pescados, estufas y chimeneas, cables eléctricos y plantas venenosas, objetos que pueden ser dañados por su filoso pico, pinturas con ingredientes tóxicos.

CORTARLES LAS ALAS Y LIMARLE LAS UÑAS

Para cortar las alas del loro si no tienes experiencia debes tener mucho cuidado, desde muy joven se le debe enseñar al loro a no tenerle miedo a las toallas, porque son de una ayuda muy necesaria para envolverlo y sujetarlo mientras se le cortan las alas y se lima el pico y las uñas. Las alas no se le pueden cortar mucho el loro las necesita para evitar caídas grandes que lo puede lastimar, se debe comenzar cortando cinco de las primarias en ambos lados, no quiere decir cortarlas desde abajo solamente un poco mas de la mitad de la pluma. Hay plumas de sangre que al cortarla comienzan a sangrar por eso se recomienda que tenga experiencia y mucho cuidado, si esto pasa con una pinza de punta fina arrancar el pedazo de pluma que queda que es la que sangra y aplicarle un coagulante. Nunca corte un solo ala eso desnivela al pájaro y tratando de volar se puede lastimar, tenga en mente que un pájaro joven necesita aprender a volar como parte de su desarrollo y crecimiento después que halla aprendido se debe cortar con la finalidad de controlar su vuelo solo para que no pueda escapar, pues si lo hace se pierde porque no sabe regresar.

Los cierre de las puertas de la jaulas deben ser seguros y de ninguna forma abrirse solos, entonces cuando esta cansado se posa cerca de personas y como esta acostumbrado a socializar deja que se le acerquen y aunque el no quiere que lo cojan siempre lo atrapan, también la sed y el hambre lo hacen posibles victimas y aquellos que lo capturan saben de su valor y nunca tratan de buscar a su dueño, siempre hay personas buenas que lo hacen, los que tuvieron o tienen loros porque saben el sufrimiento de los dueños, por favor si alguna ves encuentra un loro perdido trate de devolverlo. Los loros de cría no se le cortan las alas, las hembras la necesitan para empollar.

Las alarmas de movimientos en el lugar que están las jaulas de cría es muy conveniente para proteger los loros del robo, esta alarma no se dispara con el movimiento de animales pequeños pero tan pronto entre una persona se dispara y según su contrato hasta puede llamar rápidamente a la policía de su vecindad y se mantiene cinco minutos sonando si el ladrón se va si no se va se mantiene sonando todo el tiempo y aunque la arranque sigue sonando y llamando a la policía.

CUIDADO EN LA NOCHE

Pánico, y agitación son consecuencias de alas rotas heridas en el pecho y la cabeza han sido experiencias de muchos criadores y observados por los veterinarios, este pánico es muy común en los pájaros de noche en el día suelen agitarse, la noche por la oscuridad resulta falta de seguridad para los que duermen en las perchas.

Cuando las jaulas están afuera en la intemperie hay que tener constante vigilancia en la protección cuidando del estado de la jaula, por lo que esta debe ser bien construida a prueba de lluvia y tormentas y no tenga ninguna falla por donde pueda introducirse un animal rapaz y matar los pájaros.

Usar luces de noche donde se encuentran los pájaros es una buena idea porque los ayuda a reorientarse rápidamente sin lastimarse y descansar debidamente. También mantiene los animales dañinos alejados, es muy alentador para los pájaros la vos de una persona conocida hablándole suavemente, esto los calma rápidamente.

CINCO SENTIDOS: VISTA, OIDO, SABOR, OLOR Y TENTAR

Los loros grises tienen cinco sentidos igual a los humanos. Tienen muy bien definido el sentido de la vista ellos pueden ver detalles y diferencial colores ellos lo muestran cuando reaccionan a los colores de sus alimentos, como los ojos están localizados a los lados de la cabeza ellos tienen monocular visión, que significa que pueden usar cada ojos independientemente del otro. Si el desea observar un objeto se nota como el gira la cabeza hacia le lado que desea hacer la observación como no están capacitados para mover los ojos están compensado en poder mover la cabeza 180°, como los perros y gatos tiene parpados llamados membrana nictitantin, el propósito de la misma es tener el ojo húmedo y limpio, no tienen pestañas pero si unas plumas llamadas semiplumas que ayuda la función de la limpieza.

OIDO

Todos se preguntaran donde tiene el loro las orejas, si mira con cuidado debajo el ojo hacia atrás las encontraran, estas son hoyos no muy grandes pero tienen la misma habilidad para distinguir los sonidos y localizarlos como las personas pero son menos sensitivos a los altos y bajos..

SABOR y OLER

Como huelen y saborean los loros grises es sorprendente no todas las aves tienen estos sentidos, pero los loros lo tienen al igual que nosotros en diferencia del tamaño ellos tienen menos glándulas que el humano y no es la lengua, la tiene en el cielo de la boca y el olfato también pueden detectar olores no tan sensibles a la fuerza del mal olor.

EL QUINTO SENTIDO "TENTAR"

Este esta desarrollado en las patas, dedos y pico, con el pico el investiga todo lo que se va a llevar a la boca y si determina que es bueno lo come de lo contrario lo desecha, también prueba la percha donde piensa posarse y masca lo que se traga si es bueno, los dedos cuatro en forma distinta a otros pájaros están situados dos apuntando hacia delante y dos hacia atrás con sus uñas bien afiladas es de gran importancia cuando están libres no vuelan de rama en rama como otros pájaros, suben usando sus uñas que las entierran en el tronco de los árboles, cuando los nidos de cría son de madera no necesitan escaleras para entrar y salir, con las uñas se agarran de las paredes del nido subiendo y bajando a sus deseos y aparte de este importante uso, también agarran las frutas y alimentos fuertemente y segura para no perderlos, así es que cuando le corte las uñas a su loro piense es estos interesantes detalles.

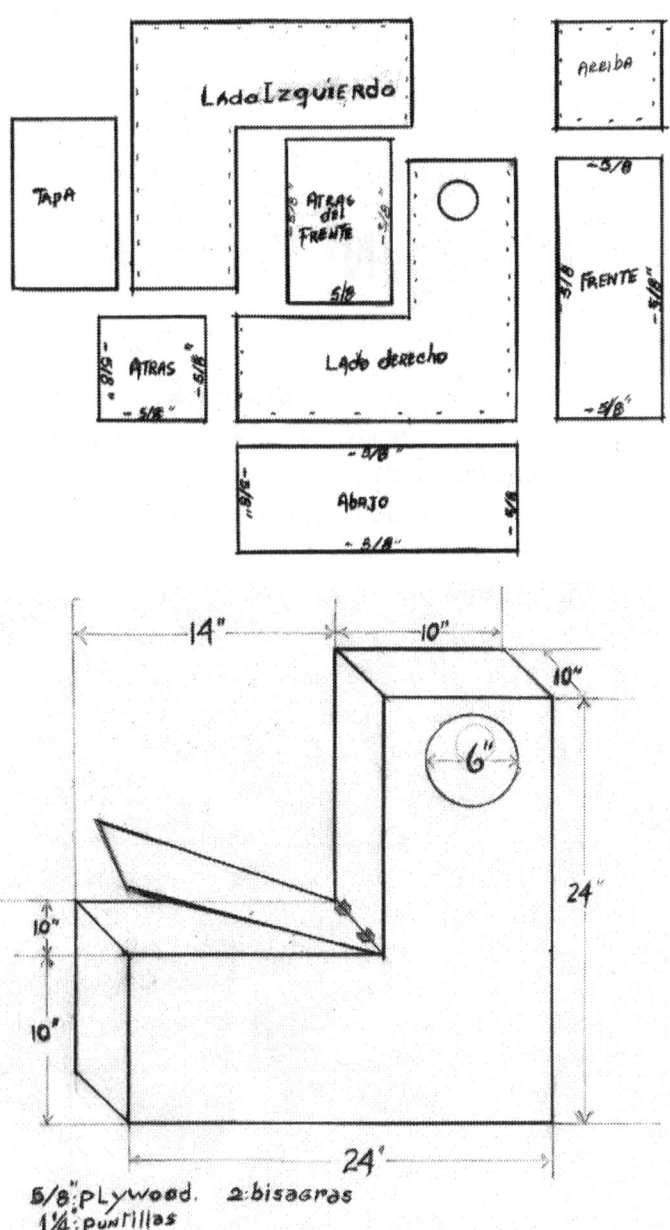

Diagramas de nidos de madera.

73

capítulo 10

JAULAS, NIDOS y CRIA

Son muchas las jaulas usadas para mantener y sacar crías algunas están diseñadas a capricho del criador las mías son de dos diferentes estilos, uno es el llamado California, de 60" pulgadas de largo, 30" de ancho y 36"pulgadas de alto, con el nido dentro y un plywood de 5/8" pulgadas por 36" pulgadas de ancho y 72" pulgadas de largo. Algo que nunca puede ser olvidado es de la seguridad de futuros planes donde además toma parte el tiempo y dinero, planear cuidadosamente lo que se piensa hacer es muy importante en el criador responsable que de cierto siente lo que le pueda suceder a sus loros, ya que siempre se siente alguna tristeza cuando se ve partir un loro criado con cariño como si fuera un niño.

Construyendo mis jaulas varias veces he tenido errores que han costado tiempo y dinero, la segunda mi estilo preferido y mas productivo tiene 12 pies de largo, 6 pies de ancho y 5 pies de alto como notaran es una jaula también para volar y hagan ejercicios el nido estará separado del suelo 42" pulgadas o lo mas que se pueda, con un buen techo y forrada alrededor con plywood de media pulgada para mantenerlos aislado, protegiéndole su intimidad en el caso que sean importados para crías, los que son anteriormente domesticados prefieren de alguna manera continuar mirando a personas.

El nido es de plywood de 5/8" de pulgadas tipo " L " 24 pulgadas de largo 24 pulgadas de alto y 10 pulgadas de ancho, (ilustración).

Otras para ser usadas en los hogares pueden ser adquiridas en tiendas que se dedican a fabricarlas de diferentes estilos y medidas para que se adapten al gusto de los consumidores.

Las que serán usadas para criar deberán tener dentro el nido, la madera es el material mas practico para su construcción y aunque no es el mas duradero si sirve también para que el loro se entretenga afilándose y limpiándose el pico, debe ser instalada dentro de la jaula por si los loros le abren un hueco suficientemente grande no puedan escapar, se debe tener en cuenta si son varias jaulas pueden ser situadas según el espacio, hay criadores que prefieren que los loros no se vean situando las jaulas en forma que así sea, también hay que estar al tanto de los huevos y pichones buscando la forma de situar los nidos que puedan ser vigilado por lo que tendrá una puerta por donde sacar los huevos y los pichones cuando estén listos a las 4 semanas de nacidos aunque este tiempo varia según el criador que opina que mientras mas pronto lo saquen, mas tiempo tiene la hembra a estar lista para la próxima cría, hay que entender que hay parejas que llegan a sacar 4 veces al año, existe la opinión que al suceder esto la hembra se desgasta mas pronto, por lo que decido en dejar disfrutar de sus pichones las 4 semanas y permitirle a su cuerpo que reponga sus energías, una de mis parejas llego a poner 17 huevos en el año 2003 y saco 9 pichones, hubo una vez que los huevos todos estaban infértiles.

En el nido de esta pareja tengo una camarita ultra violeta done vigilo todo lo que pasa en el nido, cuando pone el huevo y cuando nace el pichón, como la madre los alimenta y como van creciendo. La mayoría de los criadores son experimentados en el uso de incubadoras, porque las usan constantemente con aquellas parejas que son buenas ponedoras pero no se sientan a empollar los huevos, usan 37.3 grados y 50 % de humedad, manteniéndolo todo el tiempo que necesita la incubación que pueden ser 30 días o algunos mas.

No todos los huevos que ponen en el nido las hembras sacan pichones, por lo que hay que tener cuidado si se desea comprar huevos para ponerlos en incubadoras y obtener los pichones, que alguien te venda un solo huevos o mucho es casi imposible, después que sacan a veces quedan huevos sin sacar y se recogen cualquiera puede proponerlos como buenos y venderlos conociendo que no sirven este propósito. "Tengan cuidado".

Dato de las primeras crías en cautiverio, Francia 1873, Inglaterra 1843, Alemania 1899, Portugal (Isla de Madeira) 1908, India 1920, USA. 1931,

Dinamarca, 1956, Czecholovakia 1968, Suecia 1973.

En la investigación de las crías no se ha conseguido información completamente correcta del normal funcionamiento. Los loros no aparentan llegar a su madures sexual antes de los cinco años, pero muchos criadores tienen sus loros de mas edad que la que aparece ser promedio, pero esto no se puede tomar como prueba conclusiva que los loros grises no pueden llegar a su madures sexual antes de cinco años. Al final del tercer años de vida parejas se han formado y comenzado el baile del cortejo, se han observado bajar las alas corriendo de ramas en ramas muy excitados, los pájaros se notan embarazosos cuando juntas su cabezas acariciándose, esta conducta también se ha encontrado en otras especies de loros.

El macho es el que busca el lugar y el nido y primero lo examina bien, el nido puede cambiar tanto de uno a otro que no se puede generalizar. Solo se puede agregar que en la época actual se ha generalizado el tipo " L " en los nidos preferidos por los loros grises (Yacos).

Los loros africanos libres viven en bandadas de hasta 200 loros y cuando llegan a la edad de la madures sexual que entran en el periodo de escoger pareja ellos son monógamos y no se apuran en escoger y cuando lo hacen son ellos los que deciden y aceptan la compañía para todo la vida, cuando llega la temporada de la cría cada pareja vuelve a su nido y si no lo tienen comienzan a buscarlo un árbol en decadencia o con un hueco cuando lo encuentran lo primero que hacen es la entrada de cuatro a seis pulgadas en circunferencia, desde la entrada empiezan con el pico a profundizarse hasta llegar a veinte pulgadas de fondo, es posible poner según el tamaño de la jaula varias pareja con la misma cantidad de nidos, como el loro africano esta distribuido entre grandes territorios no se sabe que es lo que distingue la temporada de cría, si es acaso el tiempo o el clima quien se responsabilisa con la época de criar.

En el bosque cuando a la pareja le llega la hora de criar el macho alimenta a la hembra y ambos cantan con suave voz monótonas notas, la hembra empieza a dormir en el nido y el macho duerme en la entrada, la hembra comienza a poner de tres a cinco huevos al espacio de dos o tres días, cuando la hembra se sienta sobre los huevos para incubarlos el macho se encarga de alimentarla por los treinta días que dura la incubación, la hembra solo deja el nido en la mañana y tarde para hacer su descarga.

COMO ESCOGER LA PAREJA PARA HACER CRIA

Para empezar le digo que lo primero es tener mucha suerte, usted sale al mercado a buscar la pareja y el mercado te esta esperando con muchas sorpresas, la primera nadie vende su mejor pareja ni la segunda mejor, vende la mas mala, si tienes suerte a lo mejor contigo cambia y comienzan a sacar, de lo contrario tienes una pareja que hay que deshacerse de ella, vuelves a tratar de conseguir la pareja que deseas con mas cuidado y experiencia que la ves que compraste la primera y si no tienes suerte sucederá lo mismo al no ser que encuentres un amigo que se quiera deshacer de su pareja por no tener tiempo para atenderla y te la venda. Esto casi nunca sucede, la única esperanza es si tienes paciencia y tiempo para esperar y haces tus propias parejas, buscas los machos y las hembras que no sean hermanos y espera de cuatro a siete años para que este listos para hacer cría. Para esto tienes que tener suerte y usar la inteligencia también, encontrar buenos pájaros no es fácil y que sea saludables no puedes aceptar el mas pequeño defecto, nada.

Recuerda que los pájaros que se arrancan las plumas no sirven para criar y tienen que llevarse bien hay loros grises que no toleran otro loro y la hembra tiene que aceptar al macho y el macho a la hembra, aunque parezca fácil no lo es, no hay nada seguro con los loros, no se puede ser muy confiado.

Hay loros que cuando llegan a la edad de procrear si están solo se tornan agresivos con las personas menos allegadas y hasta le sacan sangre con sus picotazos, nunca se le debe dar al loro la oportunidad a picar,los dueños se sorprenden y dicen, esto nunca lo había echo sin pensar que le ha llegado la hora de tener compañía, mas los machos son los que toman esta actitud, las hembras empiezan a poner huevos infértiles, esta es la forma de decir que quieren compañía.

En la selva tienen otros métodos pero lo hacen también, esto sucede alrededor de los seis años, si no tiene pensado buscar compañía para su loro debe mantenerlo con cariño y jugando con nuevos juguetes hasta que le pase este momento que con el tiempo se ira borrando de su mente, hay una ventaja en conseguirle la compañía que tendrá mas pichones que mantener y enseñar y la desventaja que su mascota al tener cría y compañía se acercara mas a su estado natural y dejara de ser mascota y olvidara todo lo que había aprendido.

Si usted lo desea podrá recuperar ese tipo de compañía con un nuevo pichón o negarle la oportunidad a su mascota de continuar el ciclo de su vida.

ELECCION DE LOS REPRODUCTORES

Cuando nos planteamos intentar la reproducción de los loros en cautividad la primera pregunta que nos plantemos es qué tipo de reproductores elegir: nacidos en cautividad o salvajes. Hay una polémica sobre la capacidad reproductora de los loros criados a mano en cautividad. a mi juicio la polémica no tiene mucho sentido ya que esta perfectamente demostrado que estos pichones son perfectamente capaces de reproducirse.

El loro africano es de personalidad propia no hay dos iguales basado en mis experiencias conociendo casos donde una hembra buena madre probada, abandona un pichón no alimentándolo, a lo 11 días tuve que quitárselo y seguir alimentándolo yo, logrando un loro saludable.

Las experiencias día por día enseñan mas sobre costumbres y actitudes de los loros grises africanos, sin llegar a conclusiones se debe estudiar cada una de sus actitudes por extrañas que sean, es posible que al quitarle un pichón muy temprano a una pareja joven esta se intimide y le sea mas difícil volver a tener cría, tengo un caso que tratando de apurar el crecimiento del pichón para venderlo se lo quite a los padres a los 11 días y por largo tiempo no ha vuelto a poner ni un huevo.

Para la salud de los huevos y la madre el calcio es muy importante a causa que la falta de el los huevos salen blandos, deformes y la hembra puede ser afectada, el calcio que yo uso es natural de ostras con vitamina "D" en pastillas que hago polvo en un molino pequeño de moler café, ligándolo con los vegetales picados en pequeñas partes, se los sirvo por espacio de dos semanas, descanso otras dos y así sucesivamente, los machos también se alimentan con calcio que no le hace mal.

Los loros africanos grises congos son extremadamente limpios en sus nidos, la hembra pasa mucho de su tiempo limpiando todo lo que pueda atraer gérmenes e insectos, ni el macho o la hembra defecan dentro del nido y la descarga de los pichones ella los recoge con el pico lo mezcla con la comida y se lo vuelve a dar. Hay que estar muy atento y estudiar muy bien la cantidad necesaria de alimento que se le ofrece para que ella pueda mantener sus pichones, hay muchas parejas que al notar que no se le ofrece suficiente comida no tienen cría, esto se debe tener en cuenta cuando se quiere criar, todos cuando empezamos creemos que sabemos mucho o lo necesario para tener éxito, algunos cuando lean estas líneas lo aceptaran otros no, pero yo e visto a una hembra al atardecer en el piso de la jaula recogiendo parte de la comida que ha caído en el piso para dársela a los pichones porque la que le doy no era suficiente. Cuando se tiene cría no es tiempo de ahorrar o querer que los loros no engorden, yo por mis propias experiencias recomiendo que le ofrezcan frutas y vegetales frescos la mas que puedan y les aseguro que los pichones serán grandes, saludables y hermosos. Otras de mis observaciones es que cuando hay interés en sacar cría las parejas escogidas deben recibir suficiente comida para que se sepan que van a poder mantener sus pichones, si viven con escasa comida no se animaran a procrear.

Mis vegetales preferidos son bananas, zanahorias, apio, brócoli, pepinos, maíz tierno, manzanas, habichuelas, ají, mango, además le pongo calcio con vitamina "D" y huevos salcochados duros para poder aplastarlo y ligarlo con los vegetales. Cuando tengo le ofrezco otros vegetales o frutas como canitel, piña, melón de castilla, espinacas, uvas, coco etc. Cuando le vayan a ofrecer un vegetal o fruta nuevo háganlo poco a poco, a veces por ser nuevo y gustarle pueden comer más de la cuenta y hacerle daño.

capítulo 11

COMPORTAMIENTO EN EL NIDO y CRIANZA

Casi todas las hembras de la familia de los loros ponen los huevos cada dos días menos los africano grises que lo hace de tres a cuatro y para el tercero demora mas, cuando son cuatro el ultimo puede tomar seis días, cuando son cuatro puede llegar a las dos semanas por lo que al nacer el ultimo ya tienen dos semanas los primeros, entonces al ultimo le costara mas trabajo sobrevivir y es cuando el criador debe vigilar para que no muera por falta de alimento o por sofocación, ya que también el tamaño del nido tiene que ver con este peligro, si es pequeño las probabilidades de sofocación son mayores y si es espacioso, las probabilidades son de morir de hambre.

La causa de la sofocación es que al ser pequeño el nido la madre y el padre no tienen espacio y se tienen que amontonar y el mas pequeño no tiene fuerza para defenderse y puede morir de falta de aire y la de falta de alimento es porque al ser grande el nido y haber mucho espacio lo pichones mas grandes quitan del camino al chico y no lo dejan comer, también el grande es mas frió en el otoño e invierno.

Durante la incubación la hembra es la que se sienta sobre los huevos solo se levanta para comer, ella puede dejar el nido a cualquier hora por unos pocos minutos, durante el largo periodo de 30 días calentando los huevos el macho no hace nada, después que nacen los pichones por lo regular el le da la comida a ella pues la tiene que procesar antes de darla a los pichones, se traga la comida la mezcla con sus encinas y la devuelve para dárselas a sus hambrientos pichones, en este proceso yo la he visto a través de mi cámara de televisor coger los desperdicios de los pichones la cáscara de los huevos y mezclarlo con el alimento antes de dárselo, también veo todo el proceso de la alimentación desde el principio desde que salen del huevo, por lo que el macho cuando ella no sale a buscar la comida el se la lleva al nido ya que no tiene mucho que hacer.

Al salir del huevo solo tienen pelusitas y son bien chiquitos la madre lo comienza a alimentar aumentando de tamaño rápidamente, las pelusas crecen y torna en blancas grisosas según este el tiempo ella le da calor o no, comenzando la salida de los cañones de las plumas, ya la madre no los cubre todo el tiempo porque es verano y hay mucho calor, han pasado cuatro semanas solo tienen algunas plumas, llegando la hora de apartarlos de los padres, algunos criadores los sacan antes para que la hembra se reponga y pueda echarse pronto.

Una buena pareja puede sacar cada tres meses, por cuanto tiempo podrá hacerlo, aun no lo se, y es importante saberlo para evitar el desgaste de la hembra conociendo que pueden vivir mas de cincuenta años.

La mayoría de los criadores de los loros africanos prefieren ellos alimentar a cierta edad los pichones, son muchas las razones y mas comerciales que de otro índole, los loros grises criados a mano son mas habladores y mansos condiciones que prefiere el mercado para sus compradores seguridad en la crianza pues algunas veces los padres abandonan los pichones y no los alimentan y mueren, el porque no se puede determinar con veracidad, las causas pueden ser varias, cansancio, enfermedad, insuficiente comida, falta de la química maternal y otras. La mejor prevención sin riesgo alguno la cámara de televisión en el nido donde se pueden apreciar todo lo que sucede dentro del nido y si dejan de alimentar a los pichones, además nos permite saber cuando tienen huevos o están sentada sobre ellos sin tener que molestarla, ya que estar mirando el nido para estar al tanto de lo que sucede, puede ser una causa para que abandonen los huevos por estar chequeando constantemente el nido.

Mi mejor pareja cierta ves solo saco un pichón y dejo de alimentarlo a los pocos días cuando note que el pichón yacía en el piso del nido tendido boca abajo sin moverse, lo saque y comencé a darle alimento rápidamente se repuso logrando un lindo loro africano que llame por nombre BARA

KUTEY que en dialecto indígena significa SOLI-
TARIO. La moraleja de esta historia es que cualquier pareja puede abandonar sus pichones, por lo
que debemos estar siempre atentos.

En mi experiencia como criador considero que
la mejor edad para sacar los pichones del nido es
a la cuarta semana, aunque esto lo determina las
posibilidades de tiempo, facilidad y condiciones
que tenga el criador, darle mas tiempo a la madre
con los pichones la mantiene mas involucrada con
la procreación si en vez en cada oportunidad se le
hace mas corto ese periodo natural de reproducción.

Los pichones a las cuatro semanas deben comer
cuatro veces al día, a las 8.00 AM, 12.00 M, 4.00
PM, 11.00 PM. La comida debe ser de formula
para pichones que viene en polvo ligándola con
agua hirviendo y teniendo en cuenta que esta es
el agua que va a beber, ligándola con la misma
cantidad de comida de baby que son vegetales
zanahoria, manzana, plátano, maíz, habichuelas,
brócoli, boniato y demás vegetales algunas veces
le puedes poner alguna proteína como pollo u
otra carne pero no mucha, la mezcla debe tener la
misma consistencia que una sopa de crema espesa.
Cuando se esta alimentando al pichón se sabe si la
mezcla esta muy clara o muy espesa, La formula
no se le debe dar con rapidez ni apuro en su proceso normal la madre siempre toma su tiempo y
lo acostumbra a darle tiempo a que pueda tragar
con facilidad. Mucha atención hay que poner a la
temperatura que no puede ser fría ni caliente (Ti-

bia). Las horas pueden ser alteradas mas o menos, el propio pichón te avisa cuando solo quiere tres comidas a las 8.00 AM. 3.00 PM. y 11.00 PM. Mientras le están saliendo las plumas necesitan mas alimentación, cuando están emplumados se le comienza a dar los vegetales picados, semillas de girasol y veras como solo aprende a sacar la semilla de dentro la cáscara, los primeros días empezara jugando y probándolos todos los días se los cambia poniéndoles frescos sin dejarle de alimentar con las formula y jeringuilla, por lo regular a las catorce semanas comen solos algunos continúan por mas tiempo comiendo de la jeringuilla.

Darle de comer a mano a los pichones es una tarea de cariño y paciencia considerando la tolerancia como si estuvieras alimentando a un bebito, el va a escupir la comida, no va a querer tragar, ni comer se va sacudir para votar la comida que le sobra y te embarrara tu blusa o camisa y cuando con la jeringuilla le deposites mas comida de la necesaria o por la parte donde respira, nunca por la parte izquierda del pichón que es tu derecha inclinada a la derecha porque es el camino al estomago y el de la izquierda a los pulmones.

No pierdas la paciencia si no puedes contenerte deja que otra persona lo haga y para estar seguro al principio dásela poco apoco el total que será de 50 CC. sin apurarte dejándolo tragar tranquilamente, cuando tengas la experiencia que hace falta ya habrás terminado y el no necesitara que lo alimentes tu, será algo que recordaras cada ves que lo veas y sientas el cariño que el te devolverá en agradecimiento esto te durara para siempre será parte de ti y familia, te traerá alegría, recuerdos felices también sabrás lo que sienten por su pichón todo el que ha criado uno hasta el final.

Cuando estoy escribiendo estas experiencias también recuerdo lo buenos y malos ratos que he tenido que pasar criando estas bellas criaturas y como todo, es muy fácil involucrarse con ellos por lo triste que es cuando se ven partir.

Su comportamiento social es muy parecido al nuestro nos llevamos bien con quien nos trata bien, ellos si viven en familia aquellos que pasan tiempo jugando con ellos reciben su atención, no es que solo se apeguen a una persona hombre o mujer ellos se unen mas al que le da de comer, cariño y juega mas tiempo con ellos.

La personalidad del loro gris es única cada cual tiene una actitud diferente, todos son iguales físicamente pero en realidad hay gran diferencia en cada uno, en inteligencia sobre salen algunos mas que otros aprendiendo mas rápido lo que se le enseña, hay que tener cuidado y conocimiento para tratarlos cuando se enseñan, también por intuición tienen normas arrastradas por los años como nunca morir dentro del nido para ellos que entienden la higiene saben que morir en el nido traería microbios, enfermedades y mas muertes.

Siempre debes tener una incubadora lista por si notas que la hembra ha abandonado el nido con huevos la única oportunidad que tienes de salvar algunos de los pichones es poniéndolos en una incubadora, es por lo que es muy practico tener la incubadora y la criadora, con tiempo suficiente debe conectarla y ajustarla al calor y humedad que son dos elementos muy necesarios, también debe tener el termómetro de calor y el de humedad, por varios días hay que estar comprobando a la incubadora y termómetros para estar seguros que operan correctamente,

y evitar contra tiempos, el calor debe ser 100° Fahrenheit y 75° de humedad hasta el ultimo día, si no puede aumentar la humedad con el control de la incubadora puede poner paños humedos dentro y estudiar que combinación es la de los 75 grados.

Un día pueden estar los pichones sin recibir comida pero lo mas pronto es mejor, en una semana ya estarán lo suficiente grande y será fácil alimentarlos con la jeringuilla, no abrirán los ojos hasta después de las cuatro semanas algunos los abren antes y serán todo negro a los 8 meses le comienza a salir el aro blanco alrededor de los ojos.

Nunca le ponga aguja a la jeringuilla es muy peligroso siempre causa problemas bien dañinos.

SU PRIMER LORO GRIS

Primero debe hacerse esta pregunta. ¿Yo soy amante de los loros? Si la contesta es si continué con la idea de comprar un pichón de loro gris. La edad ideal para adquirir un pichón tiene variación dependiendo de su capacidad para criarlo y si puede o sabe la edad es cuatro semanas, si no sabe ni desea aprender ni arriesgarse es de catorce semanas, poco le falta para que coma solo, la gran diferencia es que el de cuatro semanas le puede costar $600.00 y el de catorce $ 1,000.00 hay cuatrocientos dólares de diferencia que consiste en lo

que vale el alimentar por diez semana un pichón de loro africano. Otra ventaja es que si usted lo alimenta desde temprano el se va a sentir mas apegado a usted y le será mas fácil educarlo.

Alimentar un pichón de cuatro semanas no es difícil, el criador lo acostumbro a la jeringuilla y poniendo atención a la explicación que el propio criador le da fácilmente puede hacer la tarea, siguiendo las reglas del proceso.

Primero es la limpieza de los utensilios que se usan, atención a la comida que se prepara, como y cantidad, el cuidado para dársela, paciencia, serenidad y no perder el control es muy probable que algunos pichones sean majaderos al comer como los niños acostumbrándose a vomitar la comida meneando la cabeza embarrándolo todo a su alrededor, en esta situación es fácil perder la paciencia.

Muchos pagan los $ 400.00 mas porque consideran que con falta de experiencia pueden matar al pichón cuando lo están alimentando, es posible pero si tienen el cuidado necesario todo terminara satisfactoriamente.

La formula es fácil de preparar es un polvo grueso preparado con todos los ingredientes necesarios para la crianza de un loro, que viene en cartuchos de papel, se mezcla la misma cantidad de polvo con comida en pomos de bebitos, se calienta agua hasta que hierba y se hecha revolviendo hasta disolver el polvo y crear una mezcla como la de una sopa de crema, como siempre quedan bolitas de polvo sin disolver lo mejor es con una batidora pequeña de las que se usan para revolver la azúcar en el café se termina de mezclar y antes de ofrecerla al pichón hay que conocer el calor que tiene para equilibrarlo con al temperatura del pájaro porque muy fácilmente se puede quemar el buche del pichón.

Todos los que le gustan los loros alguna ves se ha preguntado cuantos huevos puede poner la hembra, cada que tiempo y cuanto se demora en sacarlos, A estas preguntas siempre se ha rehuido contestar. Una lora puede poner hasta cinco huevos, echarse sobre ellos y sacarlos.

Es muy importante siempre tener en mente que la curiosidad mata muchos pichones por lo que no se debe estar mirando el nido diariamente porque la pareja puede abandonar el nido hay que recordar que estos pájaros son muy desconfiado y no quieren ser molestados.

Hospital para cuidar pájaros enfermos.

capitulo 12

ENFERMEDADES y TRATAMIENTOS

Hace mas o menos 20 años no existía ayuda para las enfermedades de pájaros, no habían tantos libros sobre las enfermedades y cura de los pájaros y los veterinarios se dedicaban mas a perros y gatos y en las partes rurales a los caballos, puercos y ganado vacuno, en la actualidad ha cogido tanta popularidad los pájaros que han llamado la atención a los doctores en veterinaria para que le ponga mas atención a las aves. No se puede evitar comentar que esta sucediendo actualmente, los costos de la medicina para cualquier animal no es barata es mas o menos similar al de los humanos y no todos los dueños de animales o mascotas están dispuestos a gastar lo que haga falta, algunos no lo tienen y otros no lo consideran necesario para la cura, aunque siempre no es segura para la mascota y los gastos siguen lo mismo.

Para los veterinarios viejos los nuevos pacientes (aves) serán experiencia y enseñanza, ellos se basan en los conocimiento adquiridos de sus estudios y comienzan a tratar a los enfermos, algunos curan otros no y según pasa el tiempo la medicina va mejorando rápidamente.

Para los veterinarios actuales todo ha cambiado en sus estudios y son aquellos que escogen la especialidad aviaria los encargados de llevar adelante la tarea de lo que han aprendido.

En general cuando un loro gris no esta delicado y se le ha dado un buen mantenimiento y alimentación es muy difícil que se enferme.

CATARRO

Aun el loro con buena salud puede estornudar una ves pero si este es persistente el catarro hay que atenderlo puede ser dañino, lo primero que se debe hacer es ponerlo en lugar con calor de 95-a- 104°F. 35-a-40°C. Si la nariz la tiene tupida se limpia con una solución de agua y sal, si las dificultades en respirar continúan deben llevarlo al veterinario.

BUCHE INCHADO

Comida atrasada y mala, semillas rancias pueden ocasionar inflamación en el buche. El tratamiento es arroz cocinado con unas gotas de jugo de limón. Antes de darle el arroz se debe mantener el loro sin comida alguna por 24 horas, si no se nota mejoras debe ser llevado al veterinario, para prevenir crónica inflamación donde el veterinario le administrara antibióticos y cortisona después de la operación.

ORNITHOSIS

12

Enfermedad Y Tratamiento

Esta enfermedad también es llamada la fiebre de los loros, ciertamente es rara en los loros grises pero no se puede descartar un 100% aun después de una cuarentena, esta enfermedad afecta a muchas otras especies y cuando los loros son mantenido al aire libre también se transmite a los pájaros libres, también puede afectar a las personas, todos los dueños de pájaros deben estar consiente de esta enfermedad, que esta considerada como una bacteria llamada Chlamydia ornithosis.

Ornithosis en el pasado estaba incluida con las enfermedades virales.

En completa descripción esta puede ocurrir un simple catarro a una seria inflamación del aparato respiratorio y digestivo del loro, inflamación de los ojos y cuando las descargas del pájaro infestado se seca el polvo es un potencial trasmitidor de la enfermedad, por lo regular son diarrea amarilla y verde y como un verdadero chequeo de la enfermedad necesita un examen serologico se debe acudir al veterinario. En el tratamiento se usa antibióticos (aureomicina, tetracyclina, cloramfenicol y otras que son prescristas por el veterinario.

Como los loros enfermos comen poco se le da Psittacin en bolitas, durante la cuarentena. En los humanos la infección ornithosis aparece como influenza y puede llegar a convertirse en una seria enfermedad como la neumonía y pleurositi, personas que tienen contactos regulares con pájaros se deben mantener alerta y cuando aparece una señal de la infección ornithosis acudir al doctor.

Los libros que tratan el cuidado y tratamientos son actualmente de ayuda eficaz y siempre mejorando en la divulgación de las distintas enfermedades y la manera de evitarlas, la educación es muy importante en referencia a los grandes errores que cometemos tratando de curar nuestros loros enfermos, los libros tienen mucho que mostrar las técnicas de laboratorio, medicinas y tratamientos que a veces resultan difíciles de proporcionar pero son los correctos.

Los avances han sido tan drásticos en la medicina aviaria que ha cambiado por completo todo lo que se hacia anteriormente particularmente en las especies de los loros, la ciencia ha creado nuevas herramientas para que los veterinarios tengan mas eficacia en sus diagnósticos en las técnicas tera- péuticas y en los avances en antibiótica, radiología y microcirugía en todos los pájaros en cautividad.

Tener algún conocimiento de los síntomas es muy importante para poder compararlos con los descri- tos en este libro para su identificación.

El instinto del loro gris para vivir en libertad le dicta que debe saber esconder las enfermedades, esto significa que el loro africano puede aparecer en muy buenas condiciones de salud y ser lo con- trario, estar enfermo puede ser interpretado por los predadores una victima fácil de atrapar por debilidad

Proveerle a los loros de madera para que puedan desgarrarlas es suficiente para evitar el crecimiento, aunque en los loros viejos se puede producir esa deformación, que evitara que pueda comer fácilmente, al tratar de cortar el pico y las uñas se debe hacer con mucho cuidado y seria mejor si se tiene experiencias también es muy importante tener anticoagulante y un lápiz de afeitar que se puede obtener fácilmente en el drug store mas cercano por si hay derramamiento de sangre.

PARASITOS

Los loros africanos no son propensos a los parásitos pero es recomendable usar aerosol para matar los pequeños insectos y mantener limpias de estos a las jaulas, si hay dudas se le puede hacer exámenes de las heces fecales para averiguar si existen en el interior de los loros.

RECOMENDACIONES

La forma que el loro africanos se aclimata a las condiciones y modo de vida del dueño depende en mayor forma del cuidado y atención que se le de, los loros que fueron criados a mano adquiridos con pocas semanas de nacimiento son muy fáciles de aclimatar al contrario de aquellos que fueron criado a libertad llamados salvajes y adquiridos ya mayores.

Cuando un loro pasa de un dueño a otro se le aplica las mismas reglas, los criados a mano son más dóciles de adaptar que aquellos que por lo regular son importados.

Los loros importados son mayormente usados para cría, porque son rebeldes y no se llevan bien con las personas.

Normalmente los loros grises africanos son saludables y fácil de mantenerlos por muchos años y como primera atención del cuidado no ofrecerle nunca nuestra comida (que comemos cada día)

Y es vital que tengamos la inteligencia de conocer cuando es hora de llevarlo a un veterinario especializado que con sus concejos ayudará a muy pronto notar la diferencia en la rapidez recobran la salud, si comienza rápidamente el tratamiento recomendado.

El primer síntoma que da el loro es mantenerse engrifado y posado en una sola pata todo el tiempo, algo muy importante es saber cuando dejan de comer porque esta señal es peligrosa y de pronta atención. Aun anteriormente cuando el apetito no es lo suficiente para comer todos sus alimentos preferidos, se le cierran los ojos y en algunos casos le salen líquidos que pueden se también sangrosos, lo mismo en las heces fecales, estos síntomas pueden ser de muy malos resultados.

El cambio de ambiente al parecer puede producir muchas enfermedades si los mismo son muy diferentes, lo mas practico cuando se encuentra esta situación es mantener el pájaro lo mas tranquilo posible y en calor normal aunque se necesite la ayuda de calefacción o aire acondicionado, nuca ponerlo con otros rápidamente siempre darle tiempo a conocer bien la condiciones de salud.

En el sur de la Florida es mucho mas saludable para los pájaros que en los Estados del norte porque estos son muy fríos.

Criar al aire libre es mucho mas saludable que criar encerrado, si ya lo están porque encerrar la jaula también que no es conveniente. Aun como mascotas mantenerlos fuera es mucho mas saludable porque el menor catarro humano puede ser mortal para los loros.

PREVENIR

La mejor forma de sentir amor por tus pájaros no es precisamente comprándole juguetes y jaulas bonitas o la mejor comida. El mayor amor es cuidarlos para evitarles accidentes y enfermedades que con atención y cuidado no pueden suceder.

Es mas importante prevenir que curar las enfermedades, son cosas que aparentan no tener mucha importancia y después que suceden nos damos cuenta que pudieron ser prevenidas.

SIGNOS DE ENFERMEDAD

Para ayudar al veterinario y evitarles sufrimientos a su mascota debe mantener siempre vigilancia sobre actitud y condiciones procurando reconocer algún cambio en las actividades diarias del mismo, protegiéndolo de esta formas de otros animales y enfermedades dañinas.

Los signos incluyen.

Apariencia de estar erizado.
Perdida de apetito.
Durmiendo todo el tiempo.
Cambio de la apariencia de las eses fecales.
Perdida de peso.
Apatía. Alas caídas. Cojera.
Parte de la comida pegada alrededor de la boca.
Tambalearse. Trabajo para respirar.
Ojos lagrimosos y nariz.
Parar de hablar o cantar.

Si su mascota muestra algunos de estos síntomas llevelo al veterinario.

Siempre es mejor estar preparado para un caso de emergencia con tus loros en el caso que se enfermen.

El equipo necesario es barato pero resulta invalorable cuando prueba que salva a los enfermos, si puedes comprar un hospital especial de calor seria muy conveniente, pero si resulta de mucho valor también puedes comprar una lámpara infra-rojo con control variable de calor, y tiene que ser situada en un reflector para que dirija la luz y el calor a donde se desea, un termómetro es necesario para saber el calor y controlarlo de 90° a 105° grados Fahrenheit el tiempo necesario para la cura, es muy importante el calor para el restablecimiento de los pájaros como también la comida hay que vigilarlos y hasta obligarlos a comer, la falta de nutrición y agua es fatal se debe por todos los medios tratar de estimularlos ofreciéndoles los alimentos que mas le gusten y semillas sin cáscaras para que le sean fácil de comer, los equipos eléctricos que sean usados deben ser a pruebas de accidentes y de contactos que puedan electrocutarlos.

Hay gran cantidad de antibióticos buenos para el tratamiento de las enfermedades que usualmente contraen los loros, hay que tener cuidado y leer bien las instrucciones para no accionar mal en vez de bien, los antibióticos son armas de doble filo y a veces hacen mas mal que bien, muchos se pueden dar por la vía del agua otros por otros medios pero siempre con mucho cuidado porque los mismos pueden ser dañinos si no se aplican bien, si se usa agua debe cambiarse dos veces al día pues según los doctores en medicina estas pueden perder su efecto fácilmente, hay casos que se esta obligado a usar inyecciones pues sus recomendaciones indican un mas rápido restablecimiento, también en algunos casos se les da tabletas, que rehusaran tomarlas pero se le ponen bien atrás del pico echándole agua y así se la tragan.

PRIMEROS AUXILIO

Lo primero que hay que tener para el cuidado de los pájaros es el hospital, un lugar que se pueda mantener a una temperatura fija de 100° a 105° grados Fahrenheit sin esta ayuda es casi imposible la cura del pájaro que en sus síntomas mas importantes están dejar de comer y no tener interés en vivir, por lo que es mas importante para la cura calor y comida.

Si no se tiene el hospital una jaula normal se le quitan las perchas de posarse y copas de poner comida desplazándolas por platos en el piso de la jaula con una tela de color claro se cubre la jaula por tres lados y el techo donde también se pone un bombillo de 25 watt que se cuelga del techo en forma que no toque ninguna tela para evitar que se queme, también se puede poner una frazadita de calor eléctrica debajo de la jaula con algo que la cubra y no se ensucie o moje teniendo cuidado para evitar accidentes. El termómetro es de importancia para mantener el calor deseado, lo mismo que el botiquín de primeros auxilios.

Toallas de distintos tamaño para agarrar y mantener al pájaro.

Lámpara de calor.
Papel y lápiz para tomar notas.
Polvo astringente, crayón de nitrato de plata, para detener sangramiento.
Una tijera despuntada.
Cortador de uña y lima.
Alicate de punta fina para extraer plumas de sangre rotas.
Pinza sin punta.
Agua oxigenada u otro desinfectante.
Solución para los ojos.
Vendas, gasa, algodón, tape,
Alimento en liquido.
Gotero.
Linterna.

ENFERMEDADES DE CUIDADO CONCERNIENTES A LOS LOROS GRISES

El loro gris africano esta muy propenso a arrancarse las plumas a causa de serias enfermedades hypocalcemia, asperguillosis, papilloma y psittacine (PBFDS) pájaros que solo se alimenten con semillas pueden adquirir estas enfermedades y otras por falta de vitaminas especialmente la vitamina A.

HYPOCALCEMIA

Bajo calcio y vitamina A en la sangre es usualmente señalada por convulsiones y temblores otros signos de falta de calcio incluyen perdida de coordinación, huesos débiles y problemas con los huevos, los loros grises parece tener mas problemas que otros loros. Se le puede suministrar calcio ofreciéndole alimentos con calcio o ligándole calcio en polvo con los vegetales o calcio en liquido en el agua, pero como el loro gris no es gran bebedor de agua es mas practico el calcio en polvo, la mejor época es cuando están criando de esa forma los pichones también reciben el calcio.

Debe descansar el calcio por tres meses y volver a suministrarlo por otro mes así sucesivamente.

La posible causa de hypocalcemia incluye crónico problema con la hypocalcemia en los pájaros jóvenes esta condición produce rotura de huesos.

ASPERGILLOSIS

Esta es causada por el fungus Aspergillus que se asienta en el sistema respiratorio del pájaro y causa dificultades para respirar, esta enfermedad fue considerada intratable en la actualidad se trata con mucho éxito con medicinas antifugales para humanos.

PAPILLOMAS

Este benigno tumor puede salir en cualquier parte de la piel del pájaro, ojos y patas también en la cloaca y culo del pájaro, aparece en distintas formas pequeñas y grandes.

Muchas papillotas pueden dejarse sin tratar, algunas son removidas por el veterinario porque el pájaro se las puede picar y hacerlas sangrar.

SALMONELLOSIS

Esta es una de las frecuentes infecciones que atacan a los loros, debido a la poca higiene que puede ser prevenida manteniendo todo limpio diariamente.

E.COLI infección es enfermedad del estomago, cuando esto se nota por las razones de no comer y cambios en las heces fecales se puede controlar con yogurt natural con frutas esto previene el crecimiento de las bacterias que puedan penetrar en el cuerpo, el yogurt contiene una bacteria que ayuda reproducirse en el estomago, vitaminas y antibióticos pueden lastimar el delicado balance y el yogurt combate este mal. También hay algo especial una preparación de " lactobacillus " puede ser obtenida por el veterinario, se puede encontrar en forma de polvo que se administra mezclándola con la comida.

CHLAMYDIOSIS (PSITTACOSIS)

Esta es otra significante enfermedad porque puede ser trasmitida a las personas por un loro enfermo, pero se ha demostrado en estudios realizados últimamente que otros animales incluyendo los gatos pueden estar infestados y ser un peligro para las personas. Por razones comunes ahora es conocida como chlamydiosis causada por Chlamydia psittaci, así que la psitacosis esta confinada a los loros. Medicando los loros en cuarentena con tetracycline en las comidas significa que esta enfermedad tiene poca importancia como amenaza para la salud de los húmanos. Los signos de infección en los pájaros no son muy claros, por lo que después de muertos es importante examinarlos para tener una diagnosis de esta enfermedad es razón para cuando muera un pájaro se envié a un laboratorio para que la autopsia sea la decida, y si los humanos sienten síntomas normalmente los antibióticos solucionan.

ENFERMEDADES VIRALES

Ha aparecido frecuentemente en reciente investigaciones que los loros grises africanos en unión con otros loros desarrollan una enfermedad viral que les afecta el hígado, no es clara la indicación el problema que en los casos graves el loro parece enfermo y en corto tiempo muere rápidamente y la autopsia muestra lo diagnosticado problemas con el hígado y no hay tratamiento efectivo, cuado el loro se repone espontáneamente permanece en pobre salud el resto de su vida por permanente daño en el hígado, reflejándose en poca actividad y perdida de peso por falta de apetito, no existen evidencias que esta enfermedad pueda ser trasmitida a personas. pruebas que algunas veces ocurra cuando están en cuarentena para entrar en los Estados Unidos y se ha probado que casi todos los casos reportados han sido pájaros importados y es casi imposible encontrar esta enfermedad en loros mascotas.

NEWCASTLE

Esta es una enfermedad viral que ha causado devastación en las crías de pollos y huevos en todo el país y se cree que fue introducida por loros importados, por lo que actualmente existen fuertes restricciones para la importaciones, así puede se contenida si se encuentra en alguna de las importaciones si la enfermedad es diagnosticada todas las aves del grupo tienen que ser sacrificadas. Newcastle causa alta mortalidad el síntoma principal es el marcado nerviosismo en los pájaros.

PROBLEMAS AL PONER HUEVOS

Esto solo afecta a las hembras cuando están en las condiciones de crías, puede pasar en hembras sin parejas en época de comenzar a procrear y es en esta condición cuando la hembra no esta lista para pasar el huevo y este se traba en su cuerpo, varios factores pueden ser causas de estos casos, primera ves que pone huevos o puede ser de mayor edad y los músculos en esta oportunidad al estar atrofiados no funcionan adecuadamente como en circunstancias normales.

También puede ser la falta de calcio que el huevo no complete su cáscara y los músculos no puedan trabajar propiamente por tener el nivel de calcio bajo, esto aparente ser la principal causa hasta que se comienza a darle calcio y se resuelve el problema. Las hembras que ponen en días de invierno son propicias a tener este problema en mayor secuencia porque el frió reduce las contracciones musculares, otras causas como huevos mas grandes y diferentes formas pueden ocasionar este trastorno. Otra situación que se presenta es cuando la hembra es mantenida como mascota y no tiene nido al no saber que hacer el huevo se puede trabar, el manipular la hembra en estas condiciones es peligroso pues se puede romper el huevo dentro de ella y ocasionarle una peritonitis, si esto le sucede manténgala al calor y llévela rápidamente a un veterinario.

Aumente la temperatura donde esta el pájaro a (90°F) aumente la humedad también a 80% cubra la jaula por tres lados y el techo usando plástico y conecte un vaporadizador por una hora y apagado otra hora, coloque una toalla húmeda en el piso de la jaula y tenga cuidado no cocine el pájaro con el calor vigile los termómetros (90°F) y 80humedad. trate de proveerle energías ligando Gatorade o sirope de Karo o azúcar en el agua que va a tomar el pájaro.

Esta es una potencial causa de muerte si el huevo se traba en los huesos de la pelvis del pájaro, el riñón puede ser bien afectado causando a la pájara entrar en conmoción y morir, otra seria consecuencia puede ocurrir que sean obstruidos los tubos que conducen el orine y las feses fecales a la cloaca, esta situación hace imposible que el pájaro pueda orinar o pasar las feces, ocasionando la muerte del enfermo.

Los signos que indican que la hembra puede estar imposibilitada a poner son debilidad, estomago hinchado.

INFLAMACION EN LOS OJOS

Algunas veces los loros africanos grises cogen infecciones menores en los ojos posiblemente cuando se rascan los ojos y se los lastiman, cuando los ojos están hinchados soltando liquido mucoso es la hora de atenderlos usando gotas o pomadas antibióticas para combatir la infección, aunque se note muy mejorado no se debe parar el tratamiento has unos días después de la mejora, las gotas son mas fácil de aplicarlas pero la pomada penetra mas en el ojo y dura mas después de cada tratamiento mantenga sujetado al loro por unos minutes para buen uso del tratamiento de lo contrario el loro puede limpiarse en la percha, si ambos ojos están afectado que es lo mas probable esto indica que la infección es mas seria habrá que chequear también la nariz por que ambos están conectados, lo mas recomendable son los antibióticos y si no se controla el siguiente paso es el veterinario porque quizás sea necesario un tratamiento mas radical.

ANOREXIA

Se define por la perdida del apetito, la cantidad que come y el poco embullo para comer. El entusiasmo a la hora de la comida es un factor muy

importante, el demuestra su estado de salud y alegría de vivir.

Esta situación es grave porque la falta de alimento
debilita todo el sistema de defensa natural del loro
y queda expenso a fatales consecuencias, dejar de
atender propiamente los problemas pensando que
solo se van a resolver es una evaluación equivoca-
da con muy malos resultados, tan pronto se note
la falta de apetito hay que comenzar a usar los
conocimientos de primeros auxilios, si no tenemos ninguno ni experiencias hay que acudir a un
veterinario si se desea salvar al pájaro si nos dete-
nemos a pensar en el costo del veterinario, pense-
mos en las consecuencias y sus costos también, el
valor del pájaro, el valor de la compañía y cariño
que se pierde y si podemos vivir pensando que lo
podíamos haber salvado.

DIARREA

El dueño debe saber distinguir entre la diarrea y
la polyuria excesivo orine en el excremento). La
diarrea es muy común en los pájaros mas que la
polyuria.

Hay varias clases y causas de polyuria virus, infecciones, tensión, enfermedad del riñón, tumores,
veneno, alergias a la comida y diabetes mellitus,.
esto es normal en loe pájaros que sus dietas contiene mucha agua en frutas y vegetales. La tensión
temporal puede producir polyuria. Infección causa
subir la temperatura del cuerpo del loro que causa
que este tome demasiado agua y así aumenta el
agua en el excremento. Envenenamiento de plomo

también causa polyuria, todo puede pasar en gran cantidad de pájaros y loros menos en los amazonas que exhibe hemoglobinuria sangre en la orina) en esta condición.

Algunos alimentos que contienen mucha sal puede obligar al pájaro a tomar mucha agua por lo que también tiene orinar en exceso, La polyuria también sucede cuando el pájaro tiene anorexia.

Alimento dañado es una causa común en las diarreas y si el loro a tragado un objeto extraño también le produce diarrea, tensión nerviosa, cambio de dieta, Reovirus, Newcastle desease, inflamación del hígado o páncreas, hernia abdominal y crónica mal nutrición.

Es posible que el pájaro que coma mucha grava, especialmente si están enfermos La molleja puede ser impactada dando por resultado la diarrea, otras veces materiales fecales se mantienen en los intestinos poniéndose muy duros irritan las delicadas paredes produciendo diarrea.

La diarrea es un síntoma que preside a la enfermedad, no es una enfermedad se debe seguir las sugerencias al pie de la letra para evitar deshidratación para poner al pájaro mas confortable, esto se debe seguir por 48 horas dependiendo la gravedad de la diarrea, remover los vegetales y la frutas frescas de la dieta del pájaro junto con cualquier harina que se le este dando, alimentarlo con dieta blanda mantequilla de maní, arroz cocinado, alimento de niños otmeal, cereal pablum, Kaopetate o Pepto-

Bismol en la siguiente formula de 12 a 20 gotas cada 4 horas(0.6 — 1.0 cc)

ANTIBIOTIC

Es el mejor arma para combatir enfermedades como infecciones, no obstante de ser tan buena tiene sus limitaciones

DEFICIENSA DE VITAMINA "A" o BETA CAROTENE

Esta es la mas común de las falta de vitaminas en los loros y es esencial para la salud y el sistema inmune de la visión y resistencias a las infecciones, al propio desenvolvimiento y mantenimiento de los sistemas respiratorios, digestivos, reproductivos y extensión del urinario, mantenimiento de la estructura y salud de la piel. La deficiencia de la vitamina "A" puede resultar en alergias, sinusitis, estornudos y susceptible a las infecciones, piel seca escamosa y anormal actividad hormonal.

La vitamina "A" puede ser encontrada en carnes, huevos y queso en la forma de beta carotene en plantas. La carne el huevo y el queso debe ser servido con consideración o no, depende de la salud del loro. Los mejores vegetales proveedores de beta carotene son calabaza amarilla, papa dulce, zanahorias, alfalfa nacida, endive, brócoli, ajis verde y rojos, maíz, quimbombo, es muy importante proveer diariamente beta carotene todos los días.

En África el único predador que tiene el loro africano gris es el Águila Buitre de la palma de aceite (Gypohierax angolensís). Ésta ave fue primera seleccionada como buitre pero mas tarde por su tamaño decidieron que era un águila, este pájaro de 55 centímetros de largo se alimenta primeramente de las frutas de la palma de aceite y de la rafia, también se alimenta de pescado, cangrejos y moluscos. Frecuentemente se encuentra en los mangles que están distribuidos en las áreas donde usualmente habitan los loros grises, este predador se ha visto persiguiendo a los loros que huyen en pánico, quizás este sea el único territorio donde el loro gris tenga que estar alerta. Se puede decir que a dicho águila no le es fácil cazar un loro gris porque el no es tan ágil como este.

Las mordidas de animales salvajes o domésticos son serias porque causan la muerte del loro, solamente con el tamaño de los dientes de perros y gatos la penetración de la mordida es suficiente para que sea mortal, las infecciones son positivas por el tiempo que pudo estar expuesta sin atención la herida, cuando la bacteria penetra el cuerpo en muy poco tiempo se crea una situación difícil aun una herida pequeña puede resultar mortal.

Las primeras 48 horas después que el loro fue mordido no importa que aparezca ágil y despierto dentro de este tiempo existe el peligro.

Muchas veces la marca de las mordidas se notan fácilmente otras no por estar cubiertas por las plumas, pero el trauma es lo que mas enseña, los signos son tener frió, lamentos, caída de las alas, y no poder mantenerse en las perchas y la cantidad de plumas que se caen y arrancan.

No hay tratamientos cien por ciento efectivos. Llèvelo rápidamente al veterinario lo primero que hace el veterinario es chequearlo por estabilidad y tratarlo con pomadas antibióticas y mantenerlos solitarios ya que otros pájaros o animales trataran de atacar las heridas y mas si están sangrantes.

LASTIMADURAS EN EL PICO

El pico es muy importante en la vida y desenvolvimiento de todos los pájaros, es su herramienta mas importante siendo fatal si se infecta pues todo su cuerpo seria afectado, es fácil notar este daño pues además de verse el pico roto también la sangre lo hará bastante visible y el daño también puede ser el las área que bordean el pico, el tratamiento debe ser con antibióticos ofreciéndole solamente alimento suave y si hay necesidad obligarlos a comer por varios días.

SAGRAMIENTO INTERNO

Es considerado peligroso y causado por un golpe, cáncer y envenenamiento, el mejor tratamiento es ver al veterinario también si esto ocurre en las heces fecales.

SANGRAMIENTO EXTERNO

Esto es la evidencia cuando se ve la sangre en el pico, plumas, uñas o la piel, los dueños deben estar alerta y averiguar rápidamente el motivo puede ser la jaula, juguete, vasija de la comida, agua u otras áreas donde halla estado anteriormente, lo primero que se hace es parar el sangramiento con los coagulantes, siempre manipule el loro con calma y cuidado, observe el pájaro por la siguiente hora, si el sangramiento no ha parado después de algunos minutos lleve el loro al veterinario inmediatamente, procure que otra persona vaya con usted al veterinario para que usted pueda mantener presión en el área donde sangra.

Hay varios métodos para parar el sangramiento incluyendo la cauterización eléctrica, poniendo vendajes con presión directa, es conveniente usar antibióticos para evitar infección, también se usa la transfusión de sangre.

SANGRAMIENTO POR ROTURADE UÑAS O PICO

Cuando esto sucede la sangre no para por si sola debe coger el pájaro y aplicarle directamente presión en la parte afectada con una toalla o los dedos, si la sangre de la uña es porque se partió debe con cuidado remover lo partido lo mismo con el pico, si la sangre no para debe llamar al veterinario.

SANGRAMIENTO PLUMA ROTA

En este caso hay que remover la parte de la pluma que queda adherida al loro para la sangre si no lo hace la pluma partida seguirá sangrando y puede infectarse. Para esta operación se necesitan dos personas una para aguantar al pájaro y la otra para remover la pluma.

Aguantando al pájaro firme con una pinzas fuerte procure agarrar la pluma lo mas cerca posible de la piel y hale la pluma hasta sacarla sin olvidar que los huesos de los pájaros son débiles así que cuando aplique presión hágalo con cuidado.

SANGRAMIENTO DE LA PIEL

Aplicarle presión a la herida y si no para usar coagulante, vigilar al pájaro que a veces el pájaro tratando de aliviar algún malestar el mismo se pica y vuelve a sangrar, si no puedes controlar la sangre lo mejor que puedes hacer es llevarlo al veterinario, que recetara antibióticos, emplazamiento de fluidos y si la herida es profunda necesitara cirugía.

PAPILLOMAS, TUMORES BENIGNOS

Estos tumores pueden aparecer en cualquier parte de la piel del pájaro incluyendo muslos, patas, parpados y si se le encuentra en la cloaca se le pueden ver manchas de sangre, esta enfermedad es trasmitida por parte de un virus, y puede ser extirpada por el veterinario con mucho éxito.

DIFICULTAD AL RESPIRAR

Esta dificultad debe ser considerada peligrosa para el pájaro pues en esta condición se deteriorara rápidamente, se hinchan los ojos, pierde voz, boca abierta buscando aire y murmullo cuando respira.

El primer tratamiento es mantenerlo en lugar con temperatura de 90° Fahrenheit tapar la jaula para mantenerlo calmado, ponerle un vaporizador cerca por 10 minutos encendido y 10 apagado. Si no mejora llevarlo al veterinario para determinar las causas evitándolas en el futuro.

Por contaminación de grasas en las plumas esto es un verdadero peligro con causas de muerte por la causa de enfriamiento, para limpiar las plumas de la grasa y que todo sea removido, el primer paso es polvorear todo el pájaro con harina castilla ya que esta puede absorber gran parte de la grasa haciendo fácil el removerla, mantener con mucho cuidado la grasa fuera de los ojos, usar una almohada si el pájaro lo permite y tener un asistente que lo sostenga con delicadeza, de esta forma ayuda a llevar rápidamente el proceso, eche bastante harina castilla en la almohada haga que se embarre bien todo el cuerpo con la harina castilla hasta el cuello bien distribuida manténgalo de esta forma por media hora para que la harina absorba toda la grasa, cuando esto se complete sacuda todo exceso de harina.

Ahora esta listo para lavar al pájaro, eche en el recipiente donde se va a lavar el pájaro de tres a cuatro pulgadas de agua tibia nunca fría tenga a mano un detergente suave del tipo Dawny, bastante toallas suaves, un secador de pelos y algo para enjuagar con rociador todo los excesos.

haga que su asistente sostenga con cuidado el delicado cuerpo mojado del pájaro y aplique un poco de detergente a las plumas, distribuya el detergente por todo el cuerpo siempre hacia la dirección que la pluma crece, asegurece que todas las plumas están bien mojadas con detergente hasta la piel del pájaro, enjuague con el agua tibia usando el rociador en la misma dirección que la pluma crece, asegurece que no quede ningún residuo de detergente en la piel. Seque lo mas que pueda con las toallas suavemente y sople con el secador eléctrico a una distancia prudente hasta terminar el proceso.

Permítale al pájaro descansar en una temperatura de 85° a 90°. Observe con mucho cuidado por algún signo de lastimadura, si encuentra algún signo debe llevarlo a un veterinario sin demora.

Si la contaminación es severa, el proceso anterior debe ser repetido en un periodo de tres a cuatro días, se surgiere que no se debe hacer en menos de 24 horas siempre suministrándole su alimento y atención sicológica.

QUEMADURA

Esto es serio y doloroso para el pájaro además de una rápida infección, también se puede evitar manteniendo al pájaro fuera de altas temperaturas, llamas, productos químicos y electricidad todo lo expuesto anteriormente causan quemaduras.

Si la quemadura es consecuencia de agua caliente u otro liquido aplique hielo o agua fría en la parte dañada, antibiótico sin anti-inflamatorio puede ser aplicado, nunca aplique nada que contenga grasa ni pomadas, si fue quemado por grasa o aceite caliente aplique harina castilla (cornstarch) para ayudar absorber la grasa, si fue quemado con ácido como limpiadores de grasas, destupidores de fregaderos, limpie el área de la quemadura con agua fría para diluir el ácido aplicando después una pasta hecha con bicarbonato de soda y agua, si la quemada fue con amoníaco limpie el área con agua fría para diluir el amoníaco después aplique vinagre al área afectada.

DEDO ESTRANGULADO

Posibilidades de perder el dedo y infecciones mortales, esto puede ser el dedo partido, poca humedad o algo enredado en el dedo no muy visible como nylon y es lo que causa la inflamación, el tratamiento es poner el dedo en agua tibia y un masaje suave también ponerle pomada antibiótica anti inflamatoria esto alivia y cura el dolor, si esto no sucede debe llevarlo al veterinario.

CONVULCIONES

Esto es varias y violentas constricciones de los músculos indicando que hay serias causas de problemas de salud, que no es un diagnostico, son el resultado de problemas de la salud que incluye golpe en la cabeza, infección, envenenamiento de plomo, falta de nutrición, azúcar baja, falta de calcium, insolación, enfermedad neurótica, epilepsia, estas pueden durar segundos y horas también a intervalos de tiempo, días y meses en raras ocasiones. No hay tratamientos efectivos.

QUEMADURA O FISTULA EN EL BUCHE

Usualmente ocurre cuando se esta alimentando a mano y la formula esta muy caliente, esto prolonga el que coma solo y puede darle una infección. La prevención es fácil no dejar que la formula de la comida tenga mas de (100°F) de calor batiendo bien la comida si la calentaron en un microwave.

Las señales son cuando pasan la piel que la comida se sale y se ve entre las plumas alrededor del cuello, en este caso hay que llevarlo al veterinario para que lo cierre con cirugía y mantenga tratamiento de antibiótico y antifugal o anti-inflamatorio. Esta quemadura se previene manteniendo mas atención a la temperatura de la formula mientras se alimenta a mano.

CONGELACION

Esto es un caso de emergencia en forma moderada si es en los dedos puede perderlos en caso del pájaro es caso de muerte, el único tratamiento ponerlo en una temperatura de (90°F) y la parte afectada en agua tibia corriente, mantenerlo por varios días con la misma temperatura de (90°F).

Y no exponerlo mas a temperaturas frías.

INSOLACION EXTREMA

Puede entrar en coma y morir rápidamente o quedar con permanente dañado el cerebro, rociar enseguida con agua fría manteniéndole las alas abiertas ponerlo en una habitación con aire acondicionado o ventilador manteniendo el roció de agua, asegurece que las plumas están mojadas hasta la piel y darle a beber agua fría con un gotero varias veces, manténgalo vigilado por 24 horas.

TRAGARSE UN OBJETO

Causa obstrucción irritante en la garganta y frecuentemente causa la muerte es un problema peligroso el tratamiento debe ser dado por el veterinario
porque tiene el equipo necesario por si no lo puede
remover por la boca tenga necesidad de cirugía.

ARTICULACION INFLAMADA

Desplazamiento de los huesos, artritis, infección
es doloroso por lo que se debe mantener al pájaro
lo mas confortable posible se recomienda llevarlo
al veterinario que tiene los equipos para determinar la causa.

ENVENENAMIENTO DE PLOMO Y ZINC

Estos metales los puede ingerir cuando juega
pues están en juguetes y distintos objetos, afecta
el sistema digestivo ocasionando vómitos y regurgitación, anormal heces amarilla o verde y a
veces sangre, también se incluye convulsiones,
parálisis, nerviosismo, anormales movimientos de
cabeza y ceguera, depresión, debilidad y perdida
del apetito.

No hay recomendaciones para tratamientos fuera
los del veterinario que tendrá que hacer un estudio
del asunto y tratamientos para retirar el plomo y
zinc del cuerpo del paciente.

La prevención es lo principal para evitar este contratiempo evitar todo lo que pueda contener estos
metales como por ejemplo bombillos eléctricos,
baterías, juguetes con peso, joyas de fantasía,

espejos, pintura vieja, plastes viejo, soldadura de plomo, lámparas, cerámica sin brillo.

ANILLOS EN LA PATA

Si la pata se inflama el anillo puede causar un problema adicional, anillo apretado causa interferencia con la circulación de sangre, puede trabarse en la jaula o algún juguete, hay que fijarse si el anillo esta suelto en la pata de lo contrario es que se esta hinchando, lo mejor es cortar el anillo y atender la parte afectada con antibiótico- anti-inflamatorio.

Los anillos son que se abren o serrados, hace algún tiempo los anillos abiertos se usaban en las cuarentenas para señalar a los pájaros importados pero desde 1992 que se prohibieron las importaciones de pájaros no se usan, solo algunos criadores usan anillos serrados para mantener control de nacimientos con fechas e identificación, estos son puestos en los pichones cuando son pequeños y no se quitan al ser que halla problemas con la pata del pájaro.

Nunca trate de quitarle el anillo si no tiene experiencias ni tampoco de desenredar al loro si el anillo se le traba en la jaula sin ayuda, una persona tiene que sujetar al loro y la otra con un cortador de alambre cortar donde esta enredado atender la herida si esta herido o llevarlo al veterinario y de paso le quite el anillo.

Cualquier pájaro que tenga una herida que este sangrando, fractura u otra clase de daño debe recibir de inmediato ayuda de primeros auxilios.

ATAQUE DE INSOLACION

Esto ocurre cuando el pájaro ha estado mucho tiempo bajo los efectos del sol sin ninguna protección. Poner a un loro enjaulado sin agua ni protección al sol es una invitación al ataque de insolación.

CATARATA EN LOS OJOS

Muy poco se puede hacer a esta condición después que ocurra, esto ocurre por una mala dieta por mucho tiempo y si se mejora la dieta también pueden mejorar los ojos, así es que la prevención es fácil.

MUDA FRANCESA

Se le llama al estar el pájaro mudando las plumas constantemente el pájaro por seguro que no podrá volar y su apariencia será irregular, el constante mudar de plumas le toma le toma gran parte de la vitalidad del cuerpo entonces se debilita y el pájaro vive menor tiempo, muchas diferentes opiniones existen sobre este delicado asunto donde la mayoría de las conclusiones se refieren al sistema de alimentación que recibe el pájaro, otros creen que insectos (mites) que viven en el pájaro y se recomienda que se use el insecticida apropiado para mites en pájaros.

LOMBRISES PARASITICAS

Hay muchas clases de lombrices parasititas. La lombriz del buche, parece un pedacito de hilo con punta en ambos lado, produce un toxico efecto

pero no es duradero. La lombriz espiral se repro-
duce a una gran velocidad es muy prolífica con
una producción de 10.000 huevos por cada lombriz en su largo de vida que son 28 días, esta lombriz ataca la cloaca del pájaro. El gusano globular
ataca las glándulas solamente unos cuantos son
suficientes para que maten al pájaro. La lombriz
alambre ataca la molleja.

El gusano de los ojos es fino, blanco de menos de
un cuarto de pulgada de largo que infesta el ángulo
interior de los ojos.

LOMBRIZ SOLITARIA

Hay dos clases de lombrices solí tararías una se
estabéese en los intestino del pájaro, la otra es mi-
croscópica estableciéndose en el estomago inyec-
tándole toxico al sistema dejando al pájaro en muy
malas condiciones. La lombriz solitaria requiere
inmediato tratamiento que es difícil y peligroso, en
el,.caso de la lombriz redonda, el tratamiento es a
base de piperazine que es un producto que contiene
la mitad del uno por ciento de sulfato de nicotina
suministrándose en la comida., para la otra lombriz
se usa la mitad del uno por ciento de Kamala en
polvo y se suministra mezclado con la comida por
cinco días y descontinuado por veinte días, repi-
tiéndolo por cinco días mas, dándole después un
laxante suave para limpiar las vías estomacales.

Las dosis de esta medicinas requiere una fiel vigilancia lo mas segura que se pueda, el resultado de
equivocaciones es fatal.

LA ENFERMEDAD PACHECO

Es una enfermedad causada por la hepatitis, afectando primeramente el hígado, en algunos casos la enfermedad dura hasta cinco días a varias semanas siendo extremadamente fatal con o sin síntomas de debilidad que ocurre pocas horas antes de morir. Los meses cuando mas ocurre el descubrimiento de esta enfermedad son Febrero y Noviembre.

PSITTACINE BEAK y SINDROME ENFERMEDAD DE LAS PLUMAS (PBFPDS)

Esta es una enfermedad muy difícil de manejar por lo criadores del loro gris, por muchos años el virus fue detectado por primera ves en una cacatúa y se pensó que era exclusive de ellas, pero después fue encontrado en mas de cuarentas especies incluyendo el loro gris, la enfermedad se trasmite a través de las plumas que pierden su apariencia normal y fortaleza, ulcera en la boca.

Esta es una peligrosa enfermedad que aun no se ha encontrado cura y es común en los pájaros menores de tres años, se esta tratando de hacer una vacuna, así que lo mas que se puede hacer en su contra es evitarla cuidándose de no asistir a lugares donde pueda estar el virus que puede ser trasmitido por los humanos, cuando compre un pájaro estar seguro que esta saludable, evitar comprarlo en subastas, si usted tiene duda de haber tenido contacto con un pájaro que tiene esa enfermedad, quitase la ropa y báñese antes de tener contacto con su pájaro..

PISO DE LA JAULA

Cuando el pájaro va al piso de la jaula y se mantiene es porque esta muy enfermo y no tiene fuerza para ir a otro lado. Esta es una condición muy usual y cercana de la muerte por el resultado de una larga enfermedad no reconocida.

Lleve el pájaro a un veterinario inmediatamente si no quiere perderlo, manténgalo tranquilo y caliente en ambiente confortable, trate de darle alimento sin necesidad de molestarlo.

ENVENENAMIENTO

Los pájaros son muy curiosos cuando están suelto por lo que supervisan todo en lugar donde están y algunas veces descuidadamente se dejan objetos y materiales que son veneno, en adición son sensibles a artículos para la limpieza del hogar que les son muy dañinos y le pueden causar una muerte rápida.

Son muchos estos materiales como los de limpieza, pinturas, teflón, silverstone, insecticidas para matar pulgas, y otros mas, también equipos de calefacción, cocinas y otras que producen gases que para los pájaros son venenosos, hay dos tipos de venenos, los que se comen y los que se huelen, además el pájaro puede tener contacto con materiales que son irritantes a la piel por contacto, para estar seguro observe si hay alguna sustancia en las plumas.

SUSTANCIAS VENENOSAS, que son ácidas, alcalinas o proceden del petróleo

Detergente de lavar plato, limpiador de horno, destupidor de desahogo, limpiador de piso, de muebles, gasolina, kerosén, removedor de pintura, lubrillante, limpiador de zapatos, e piso, preservativo de madera.

ENVENENAMIENTO DE PLOMO Y ZINC.

Estos metales los puede ingerir cuando juega pues están en juguetes y distintos objetos, afecta el sistema digestivo ocasionando vómitos y regurgitación, anormal heces amarilla o verde y a veces sangre, también se incluye convulsiones, parálisis, nerviosismo, anormales movimientos de cabeza y ceguera, depresión, debilidad y perdida del apetito.

No hay recomendaciones para tratamientos fuera los del veterinario que tendrá que hacer un estudio del asunto y tratamientos para retirar el plomo y zinc del cuerpo del paciente.

La prevención es lo principal para evitar este contratiempo evitar todo lo que pueda contener estos metales como por ejemplo bombillos eléctricos, baterías, juguetes con peso, joyas de fantasía, espejos, pintura vieja, plastes viejo, soldadura de plomo, lámparas, cerámica sin brillo.

Perdigones de rifles de aire, antigüedades, base de bombillos eléctricos, baterías, juguetes de pájaros, productos de bonemeals, respirar el humo de la gasolina de los carros, pesos para las cortinas, plomos de pescar, papel de plomo, sellos de botellas de champaña, fondo de espejos, plastes viejo, pintura vieja, masilla,

BOMITOS

Los síntomas no son siempre de enfermedad muchos pájaros lo hacen a las personas que quieren y a los juguetes preferidos como una señal de cariño y amor, el síntoma de enfermedad es cuando lo hacen estando mal en actitud y comportamiento, esto es muy frecuente cuando son pichoncitos, no es fácil verlo en esta forma de vomitar porque dura muy poco tiempo.

Cuando es cuestión de alimentar los pichones el alimento que devuelve no esta digerido solo mezclado con sustancias del buche de la madre con el alimento que se le esta proporcionando en la dieta diaria, no tiene olor si el pájaro esta sano o en los primero momentos de enfermedad, pero si esta bien enfermo tiene olor agrio por la fermentación que producen las bacterias o fongus que han infectado el buche. El vomito raro de un pájaro consiste de digestión parcial o indigestión del alimento, usualmente tiene mal olor por el proceso de la digestión y las bacterias y enzimas comenzando la infección.

El tratamiento inicial para este problema es darle Pepto Bismol o Kaopetate con el mismo tratamiento de la diarrea. Si los síntomas en ves de mejorar agravan debe llevarse al veterinario rápidamente.

PROLAPSO CLOACAL

Cuando el bajo intestino sale del útero y cloaca saliendo del culo del pájaro hay que llevarlo al veterinario rápidamente para ser consultado porque el caso es grave.

SARCOCYSTIS

Es una infección que obtienen los cockatoos, cockatiels y loros africanos Yacos, los pulmones son los primeros en ser afectados por estos parásitos a consecuencia de los excrementos depositados por los OPOSSUN y las cucarachas comen de estos y se contaminan llevando el parásito al comedero del pájaro, también el pájaro se puede comer la cucaracha, solamente es común en las áreas donde los OPOSSUN frecuentan.

La infección de sarcocystis es difícil de pronosticar además es rápida pues causa la muerte sin mostrar síntomas, siendo detectada solamente en la autopsia del pájaro. El mejor tratamiento es evitar los OPOSSUN y cucarachas si tienes los animales fuera en el patio, también quitarles los depósitos de comida durante la noche.

Una amante de los Yacos con la suya propia

capitulo 13

ANECDOTAS

Un amigo criador de loros grises africanos me llamo por teléfono para preguntarme si le podían salir los dedos de las patas a tres pichones que tenia, al principio pensé que habían nacido así por incesto y los padres eran hermanos, lo que significa un caso claro de la unión de hermanos o que los padres le habían comido los dedos algo muy difícil de entender. Al final un veterinario que los vio dijo que habían sido comidos por los padres, a causa de poca alimentación, debemos aprender que cuando las parejas tienen pichones hay que aumentarles la cantidad de comida y si le sirven vegetales frescos también dárselo dos veces al día.

Mi amigo los regalo, aunque no tenían dedos caminaban apoyándose en los moñitos de las patas, si las personas que lo recibieron los cuidan y le dan las facilidades que necesitan por sus deficiencias pueden vivir mucho tiempo y felices, llegando a ser buenos habladores y cariñosos compañeros, hasta pueden procrear, entre las facilidades acomodativas están ponerlos en superficies planas, si están en jaulas grandes donde pueden volar dejarle que le crezcan las plumas de las alas y se puedan trasladar volando.

Ellos nunca sabrán que son diferentes solo que todos son iguales.

Con el cariño de los dueños se puede sustituir todas las faltas que tengan y como son aves de buen trato devolverán el cariño sincero y fiel.

El loro gris africano esta considerado de poseer una inteligencia superior a los demás loros y pájaros, de tener cada uno distinta personalidad, pero no son perfectos, como los humanos tienen defectos, algunos desagradables, el canibalismo y abandonar a los pichones, comerse los huevos y no sentarse sobre ellos y aunque tienen fama de no ser peleadores pero lo hacen no como otros que se pelean hasta lastimarse ellos se retiran antes de llegar a esa condición. Estas faltas a veces se pueden corregir otras no pero siempre tienen solución.

Compre una hembra saludable, grande y trate de juntarla con tres machos, el último fue el que se pudo quedar por la inteligencia de pelear, a todos los anteriores los despreciaba y no dejaba que se le acercaran parecía macho cuando peleaba hasta que Panchito no le hacia frente desde el mismo plano, el se aguantaba con las patas del techo de la jaula y logro dominarla ahora están juntos pero se siguen fajando, el no ha aprendido a pisarla cuando se le sube encima se cae, aunque ella se posiciona están ratos tratando hasta que Delta la hembra se cansa y se separa, ella quiere tener cría el es joven y no sabe como hacerlo.

En una de mis jaulas grande donde los loros pueden volar ampliamente, una mañana cuando le llevaba la comida para sorpresa mía encontré la puerta abierta, le habían quitado el doble cierre de alambre de presión abriendo la puerta, preocupado por la perdida de una pareja enseguida fui al nido a ver si estaban y encontré cuatro huevos y la hembra echada y el macho a su lado, aun estando la puerta abierta no se fueron porque tenían huevos.

Esto me mostró el alto sentido maternal del loro africano gris, enseguida le puse una cadena con candado.

LORO PRESTADO LORO PERDIDO

Hubo una ves que una amiga tenia una hembra gris africana y nos pusimos de acuerdo para ponerlos juntos, ella quería en su casa con un macho que yo tenia solitario, accedí y se lo di con todo y jaula de cría, esa familia acostumbraba a darle comida de la mesa a los loro, mi loro que nunca comió esa comida se enfermo y murió poco después como siguieron con la misma costumbre la hembra continuo por un tiempo comiendo y también murió.

La mujer, la guitarra, el caballo ni el loro se prestan. Moraleja: El que presta un loro pierde el loro y a pedir se queda.

Otra: Un amigo intimo se enfermo y fue tanta su preocupación que iba de mal a peor, como a el le gustaban mucho los loros, yo tenia una pareja que no la había puesto a criar además eran muy mansos y se los preste pensando que los loros lo ayudarían a salir de su tensión nerviosa hasta que le consiguiera otro mas joven aun.

Dos semanas después la suegra por ignorancia los saco afuera y los puso en la cerca que dividía su casa con el patio del vecino que tenia un perro policía Alemán y los dejo solo sin vigilancia, el perro los mato a los dos y se los comió, todavía siento indignación por la torpeza de esa mujer.

Has bien y no mires a quien. Moraleja: Pero no con tus loros.

Así luce un Yaco desplumado.

capítulo 14

DESPLUMARSE

Cuando un loro coge el vicio de desplumarse tenemos que entender que no será fácil quitárselo, las razones son muchas y complejas relacionadas con la actitud del mismo y es peor cuando resulta ser una mascota favorita, se pueden decir muchas cosas por cada experiencia de cada uno y casi todas son diferentes, unas sicológicas otras de salud. También se puede llegar a creer que es un vicio que crea el loro de arrancarse las plumas y llegamos a la conclusión que puede ser una acción sicológica como la que tienen los humanos de comerse las uñas ya que sabemos que el loro cuando se arranca una pluma grande se come el folículo.

En el grupo de la psicología entran la necesidad de compañía para criar, la necesidad de mas atención, cambios repentinos de lugar, espacios, celos y falta de alimentación.

En el grupo de la salud, insectos y parásitos.

Tratar sicológicamente a un loro solo se puede cuando se hace con paciencia y cariño, reponer lo que se ha eliminado y mantenerlo, tratando que cuando halla la necesidad de un cambio hacerlo con la suficiente inteligencia de no molestar al pájaro. La forma de actuar del loro es su arma para demostrar sus sentimientos y la necesidad de obtenerlos, tenemos que comprender que ellos no tienen ningún medio de comunicación a su alcance que su propia actitud y aun con su poca inteligencia tratan de manipular a los que pueden solucionar los problemas, obligándolos a pensar y tratar de adivinar o comprender sus mensajes. Esta bien claro al reconocer que la parte de la psicología es la más difícil de todas.

Mejorar la salud se puede, evitar que sean infestados por insectos es fácil cuando se conocen y evitan cuidadosamente y tener mucho cuidado cuando se usen los insecticidas apropiados.

Procurar no sea afectada en alguna forma la glándula de aceite que se encuentra al final en la base del nacimiento de la cola, si esta glándula se lastima y deja de funcionar producirá problemas de irritación en la piel del loro, a lo que el mismo tratara de corregir el malestar arrancándose las plumas de ese lugar, lo primero que se debe hacer es lavar el área afectada con una solución de agua y sal.

El loro se puede arrancar las plumas con las patas o el pico cualquier pluma puede se escogida y lo mismo puede ser una pluma completa o que no lo este esta condición puede poner al loro en peligro que se le infecte la piel, cuando arrancarse la piel proviene de infecciones el lugar mas frecuente es alrededor del culo o mas arriba en la glándula que produce el aceite natural para las plumas, otros lugares también son alrededor del cuello en el pecho y después todo el cuerpo este arrancamiento puede llegar al total de las plumas no dejar una.

Los Egiptos por lo general no tenían loros grises ya que no se encontraron figuras de ellos pintados en los jeroglíficos. En tiempo Romanos alguna clase de ventas de loro existían desde que Marcus Portius Cato censuro la moda de llevar loros grises en los brazos.

El Emperador Antoninos Heliogábalos, en Roma recibió un largo cargamento de loros desde África que fueron servidos en un banquete y finalmente echado a los leones. No se puede asegurar que había algún loro gris entre los que se echaron a los leones.

Hasta el año 1886, la situación de las plumas rojas no estaba clara y muchos creían que los loros que tenían las plumas rojas eran los machos y los que tenían las rojas oscuras (timneh) eran las hembras. Los que al fin confirmaron la verdad fueron los jóvenes nativos que subían a los árboles a coger los pichones que después enviaban a Europa. Estos jóvenes fueron los que convencieron a todos que los loros africanos grises desde muy jóvenes sus plumas de la cola son rojas.

Por muchos años el loro gris africano de plumas rojas en la cola ha tenido una seria participación en las creencias religiosas Afro americana por tradición yoruba, la historia mística de esta nación cuenta que una ves que el pueblo yoruba protesto por la actitud de su rey Chango, al que acusaban de tener al pueblo pasando necesidades y hambre mientras todo el dinero y la comida la usaba para alimentar su ejercito para satisfacer sus deseos de guerra y conquista donde hacia de los vencidos esclavos que después vendía, el consejo de ancianos se reunió y acordó la pena de muerte por medio de sus esposas que tenia tres, estas tenían que ajusticiarlos. Lo interesante de esta historia es que el veredicto se expresaba con una cesta de huevos de loros grises africano que le fue enviado. Además el significado de las plumas rojas de la cola que han sido usadas por siglos, como parte de la corona de los sacerdotes iniciados.

La pluma roja es única, imposible de falsificar por su centro negro que la divide en dos, entre los creyentes de la religión es valiosa atrae la suerte y se usa en muchas de las ceremonias y se venden hasta $10.00 cada una en las tiendas que venden artículos religiosos (Botánicas).

Los criadores las recogen y las guardan siempre hay quien las compre y ofrecen hasta cincuenta centavos por cada una, el que sabe el valor las lleva a las botánicas tienda donde las venden y puede obtener $1.25 por cada una, eliminando al intermediario.

MUDAR LAS PLUMAS

Cuando llega la época de mudar las plumas el loro y otros pájaros pueden cambiar rápidamente de actitud, las nuevas plumas al brotar le causa picazón haciéndolo sentirse incomodo y se notan mas tristes y preocupados, en las zonas tórridas la muda dura todo el año muy distinto que en las zonas frías.

Es conocido que la picazón vuelve rebelde al pájaro menos en ciertas ocaciones que necesita que el dueño le rasque la cabeza en lugares que el no puede llegar, es importante no dejarlo bajo el sol por largo tiempo sin ninguna protección.

En el loro africano gris el color rojo de la pluma en la cola enseña parte de la salud del loro si la pluma termina con tono de negro la alimentación del mismo no es la apropiada, aunque no significa que esta enfermo se debe tratar de equilibrarla mas ofreciéndole mas vegetales y frutas.

Nada puede será más devastador que tener un ave que se saca las plumas. "¿Por qué?.¿en dónde me equivoqué?... ¿qué hice de malo?...¡se ve tan horrible!" Cuanto más te enoje y se preocupe, el problema será peor. Los loros, en especial los loros grises africanos, son maestros al estudiar cada pensamiento y movimiento que hacen los humanos, para luego manipularlos y conseguir cualquier atención que necesiten. La mayoría de los casos en que los loros se sacan las plumas puede ser causado por algo tangible, como problemas de salud, causas del medio ambiente, trauma o un incidente, como el caerse (lo que les sucede a los torpes loros grises); y pueden evitarse inmediatamente, una vez que se corrigen las causas. sin embargos, el sacarse las plumas por lo general continúa porque los loros han aprendido así a manejar a sus humanos. Puede haber mil y una causas iniciales para sacarse las plumas.

Si usted tiene un loro que se saca las plumas, el primer paso debería ser tener una evaluación veterinaria completa para asegurarse que no hay ningún problema de salud que haga que su pájaro se saque las plumas. Un examen de sangre de su loro le ayudará a determinar si tiene una deficiencia nutricional, como un problema con el calcio o una falta de vitamina A, que es muy importante para la piel.

La malnutrición es según muchos expertos de EU. una de las causas iniciales principales por las cuales los pájaros se sacan las plumas. Los loros con dietas a base de semillas solamente NO tienen una nutrición adecuada. Lo que se necesita para asegurar una buena nutrición es un equilibrio adecuado de vegetales, frutas, granos, semillas y bolitas.

CAUSAS DEL MEDIO AMBIENTE

La especialista de comportamiento de aves estadounidense Jane da un ejemplo muy claro del problema del sacarse las plumas debido al medio ambiente.

Un pájaro extrovertido e interactivo vive en un lugar o área en donde recibe mucha intención de gente que pasa cerca de su jaula y que juega con él; pero su dueño decide trasladarlo a un lugar más tranquilo. El pájaro comienza a sacarse las plumas para llamar la atención. También es posible lo opuesto. A un loro tranquilo y tímido se lo traslada a una zona de la casa en donde hay mucho movimiento, y comienza a sacarse las plumas por nerviosismo, debido al aumento de actividad en su nuevo territorio. La solución para ambos pájaros es la misma llevarlos nuevamente a sus lugares anteriores aunque las razones por las cuales se saquen las plumas sean muy diferentes uno lo hace para llamar la atención y el otro debido a su nerviosismo.

En el medio ambiente natural, los loros están al tanto del lugar y el movimiento de cada rama en sus territorios. Si no lo estuvieran, podrían convertirse en el almuerzo de alguien. Recuerde que a su loro gris capturado en su medio natural se le enseñaron tácticas de supervivencia en la selva y hasta los loros criados domésticamente aún poseen un instinto de supervivencia en su inconsciente y en sus genes - estudian todo, cada movimiento alrededor de ellos, hasta en las junglas humanas. Si hay algo que falta, lo saben. Es por eso que quizá sea más difícil presentarles algo nuevo a su loro en su territorio. Su instinto puede que diga que el "nuevo objeto" es una serpiente o un halcón o alguna otra fuerza oscura que lo espera para el almuerzo.

De la misma manera, puede que la renovación o decoración del hogar ponga muy nervioso a su loro. Algunas veces, el miedo por algo nuevo en su territorio puede llevar al loro a volverse fóbico. Uno de mis suscriptores de Grey Play Round Table me llamó por su loro gris que se sacaba las plumas y era fóbico. Este humano dueño del loro gris había contratado a unos obreros para trabajar en la sala de su casa, mientras ella instalaba nuevas luces; pero no se había encargado previamente de sacar al loro de la construcción. El loro gris estaba aterrado, no sólo por tener nuevos extraños en su territorio sino también por los cables y nuevas luces que se asemejaban a predadores para este pájaro de medio kilo. Este problema no hubiera ocurrido si su dueña hubiese tenido la idea de sacarlo de ahí antes de que la construcción comenzara.

Se han citado otros casos de loros que se sacan las plumas, afectados por las vibraciones físicas de una construcción en la calle, o hasta en otra habitación de la casa - la solución: saquéelos del ruido. Los loros también se han visto afectados por terremotos cercanos o lejanos, y otros desastres naturales. Los animales en el bosque siempre saben de antemano cuándo está por venir una tormenta importante o un terremoto; también los pájaros domésticos. La falta de humedad suficiente en el aire puede causar problemas en una piel seca y que pica, lo que puede comenzar el sacado de plumas. La mayoría de los loros vienen de una jungla ecuatorial con muchas lluvias y en donde el agua casi flota en el aire. En contraste, especialmente durante los meses de invierno, los radiadores de casa resecan el aire y la piel de nuestros pájaros comienza a picarles. Yo me aseguro de que mis dos loros grises, tengan al menos dos duchas por semana y durante los inviernos siempre tengo un vaporizador de agua en el cuarto de los pájaros, en la oficina y en la habitación. Además de eso, les encanta tener sus "baños de agua": grandes platos hondos llenos de agua en donde pueden caminar y mojarse las plumas, y en donde pueden jugar y jugar y jugar, como lo hacen las aves en su medio natural. La solución: asegúrese de que haya una humedad adecuada en el aire, y bañe a menudo a su loro con una ducha. Otro agente irritante para la piel y las plumas es el humo del cigarrillo. En los EU. ha habido mucha controversia acerca de los "efectos secundarios" en los humanos, pero el sistema respiratorio de las aves es mucho más sensible que el de los humanos. Es por eso que los viejos mineros usaban canarios para determinar si había algún filtrado de gas - ¡¡si los canarios se morían se iban de las minas RÁPIDAMENTE!!- sus huesos están huecos y son naturalmente livianos; los vapores se trasladan inmediatamente por el sistema de los pájaros y van a todos los órganos del pájaro por medio de ese sistema esquelético hueco. El alquitrán de los cigarrillos se adhiere a las manos y labios de uno, y en el momento que ud. sostiene a su pájaro, el alquitrán puede penetrar en su cuerpo a través de sus patas, piel y hasta del arreglarse sus plumas con el pico. La solución es dejar de fumar. Pero si no va a hacer eso, al menos fume siempre en otra habitación o afuera y siempre lávese las manos y labios antes de agarrar y besar a su pájaro. La falta de sueño puede también causar el sacado de plumas. Los loros necesitan al menos de 8 a 10 horas de sueño interrumpido cada noche. Cubrir la jaula a las 11:30 PM en el cuarto de la familia con la música sonando no es un sueño interrumpido. Los loros en su medio ambiente natural anidan una vez que oscurece y duermen hasta la salida del sol; por lo general entre 10 a 12 horas. El pájaro de otro suscriptor comenzó a sacarse las plumas porque, aunque la mujer lo cubría a una hora razonable, el pájaro estaba incomodado por el sonido de la máquina de coser de su dueña. Ella era una modista y trabajaba hasta altas horas de la madrugada. Cuando encontró un lugar tranquilo y oscuro en donde su loro gris durmiera, el loro dejó de sacarse las plumas.

PROBLEMAS POR TORPEZA

El especialista de comportamiento de aves estadounidense Chris Davis ha descrito a los loros grises africanos como "pelotas de fútbol americano con alas". Sus cuerpos son tan densos que sin el adecuado equilibrio de sus alas, se pueden volver muy torpes. Esto es especialmente cierto en los jóvenes loros grises a los que se les ha acortado las alas (de hasta 2 o 3 años) que están aprendiendo a coordinar, además de su natural torpeza. La torpeza hasta puede ser un problema para los loros grises atrapados en el medio natural y con alas acortadas. No sólo es doloroso caerse a cada rato, sino que las caídas recurrentes pueden hacer que el loro se ponga nervioso y pierda su confianza, y comience a sacarse las plumas. Si ud. tiene un loro torpe, tómeselo con mucha seriedad. Haga que un veterinario lo revise y en su casa tome las precauciones para ayudar a su pájaro. Cuando Merle y Pea pasaron por sus estados de torpeza, hice lo siguiente:
1 quité la parrilla del fondo de la jaula y coloqué material blando y mullido, como toallas, debajo de un periódico si no puede quitar la parrilla, ponga

el material blando/periódico sobre ella; 2 puse al-
fombras suaves y toallas en el piso alrededor de la
jaula percha que está a una corta distancia de ellos;
3 puse perchas y juguetes en la jaula de manera
que si el pájaro se cae lo haga sobre otros objetos
de la jaula.

Se sabe que un trabajo mediocre al acortar las alas
es también causante del sacado de plumas. A mi
Pea le cortaron las alas pésimamente cuando era
un polluelo. Le picaban las plumas de su ala izquierda porque eran irritantes, como tener un cla-
vo. Ahora, cuando se pone nerviosa o insegura por
cualquier cosa, vuelve a rascarse las plumas en el
ala. Apenas termina el problema que le causa esa
inseguridad, deja de rascarse las plumas.

REACCIONES A INCIDENTES

El loro de otro suscriptor comenzó a sacarse las
plumas cuando Jane, su dueña, le puso una montura para sacarla afuera. Aparentemente, la montura
irritaba algunas de las plumas en el cuello del
pájaro, y comenzó a sacárselas debido a la irritación. Otro loro de una mascota humana comenzó a
sacarse las plumas cuando su dueña dejó la ciudad
por dos días; la mujer no se había ido ni una sola
noche durante los 9 años que tenía a su loro, y
no había preparado al pájaro para su ausencia. Si
hubiese trabajado con el pájaro a lo largo de los
años para que pudiera lidiar con el cambio y si
se hubiese tomado algún que otro día para que el
pájaro se acostumbrara al hecho de que eso suceda

de vez en cuando, el pájaro no se habría sacado las plumas.

FALTA DE ATENCIÓN EXCLUSIVA

Muchos entusiastas de las aves dicen que el aburrimiento es una razón clave para el sacado de plumas; pero la especialista en comportamiento de aves Jane cree que una "falta de atención exclusiva" puede ser una mejor descripción que el aburrimiento. La atención exclusiva quiere decir una interacción exclusiva entre la persona y el loro. Esto no quiere decir sentarse frente a la computadora mientras su loro está sobre una percha a un costado. La mayoría de los loros son sociables e interactivos, y necesitan del estímulo de la interacción directa con un ser humano durante intervalos de al menos 10 minutos, varias veces por día. Un loro tan inteligente como el gris va a buscar las maneras de llamar la atención, si no le está dando algo de atención exclusiva. Son como niños abusados, en el sentido que tomarán cualquier tipo de atención que puedan conseguir; sea positiva o negativa. Asegúrese de que su loro gris tenga muchos juguetes limpios en su jaula, y que se los rote con otros juguetes cada algunas semanas, para hacer las cosas más interesantes. A los loros grises les gusta mirarse al espejo; de manera que un espejo de plástico seguro para pájaros (y del tamaño correcto) puede que sea apropiado para su jaula. A los loros grises les gustan los juguetes de madera y de papel. A mi Merlín le encanta masticar rollos de papel y el cartón cilíndrico del papel higiénico (pero sin la goma que tienen); le encanta masticar y masticar y masticar, de manera similar a la goma de mascar para los seres humanos. Puede que ud. quiera conseguirse una caja de cartón que entre en la parte superior o inferior de la jaula de su loro cuando éste está fuera de la jaula, y llénela con objetos de plástico, de madera o de papel. Asegúrese de que sean seguros, limpios, del tamaño adecuado y desinfectados si es necesario, antes de ponerlos en la caja. Ejemplos: el capuchón de lapiceras Vich de plástico; la parte de arriba de una botella de shampoo de plástico (no use las tapas de frascos de medicinas o de productos químicos, ya que puede que contengan sustancias dañinas y tóxicas); paletas de madera para la lengua; pedazos de papel, y partes de madera de juguetes viejos. Se va a sorprender al ver la alegría en sus ojos a medida que el loro saca un objeto tras otro, lo mastica por unos instantes y lo arroja al suelo; después de un tiempo la caja se convierte también en un juguete ya que al loro le encanta masticar cartón.

Invente un juego especial para jugar con su loro durante los momentos de "atención exclusiva". Algunas ideas son los juegos de niños, como el "acá está" o el "voy a agarrarte la cola" o juegos con pelotitas de madera. Los juegos donde se habla también son divertidos. Pea, Merlín y yo jugamos al juego de "lo que dicen los animales": el gallo (cocorocó), el pato (cuá cuá), etc. Las posibilidades de inventar juguetes y juegos depende de cuán creativo Ud. quiera ser.

INSEGURIDAD / CELOS DE OTROS PÁJAROS / HUMANOS EN LA CASA

Yo entiendo que en Europa una de las cosas que se suele hacer es tener loros de a pares para que se hagan compañía, por lo general en las mismas jaulas. Sin embargo, en EU. estamos aprendiendo que una vez que los loros hacen un "lazo" con los humanos, el tener un nuevo loro con la idea específica de ser un compañero para el primero no funciona, especialmente cuando el primer loro está muy cerca afectivamente del humano y la "bandada" en la casa es pequeña (por ejemplo 3 o 4 pájaros, o menos). Voy a escribir un artículo aparte sobre este tema, en donde mi Pea se convirtió en un monstruo porque lo pusieron en una jaula con otro loro gris como compañero. Este loro le atacaba constantemente hasta que los humanos finalmente se rindieron y me lo dieron. Este loro gris le agredía porque estaba tan cerca afectivamente de su dueño que no quería competencia. Pea comenzó a sacarse las plumas debido a su ansiedad por el otro pájaro. También hay loros que se han sacado las plumas porque han recibido menos atención cuando llegan "nuevos compañeros" (esto incluye a nuevos loros, bebés y parejas).

Traer a un nuevo loro como compañía no debe considerarse una solución para el arranque de plumas. Puede que sólo complique las cosas y las vuelva mucho peor.

Una vez que se evidencia por medio de un examen veterinario que su loro no se está sacando las plumas debido a algún problema de salud, el próximo paso es hacer de "detective" para descubrir el o los incidentes que en un principio causaron que su pájaro comenzara a sacarse las plumas. Piense en la primera vez que notó esto. ¿Cambió algo en la casa? Piense en todo, no importa cuán insignificante. Un loro que conozco comenzó a sacarse las plumas porque su dueño puso una rejilla en la parte superior de su jaula; y el loro gris se sacaba las plumas porque el objeto era negro y lo ponía nervioso. Dejó de hacerlo el día en que quitaron la rejilla. ¿Está ud. usando un nuevo color o vestido o sombrero? ¿Está haciendo renovaciones en la casa? ¿Hay nuevos ruidos fuertes afuera, como una construcción en la calle o en el edificio? ¿Le da de comer a pájaros salvajes, y puede que su loro gris haya visto que algo le pasó a uno de los pájaros? ¿Ha traído recientemente algún pájaro nuevo?

¿Hay alguien nuevo en su vida? ¿Ha comenzado con un nuevo empleo? ¿Se fue de vacaciones sin preparar a su amigo emplumado? ¿Está deprimido por algo y le está prestando menos atención a su amigo con plumas? En otras palabras, revise honesta y seriamente todo lo que ocurre en su vida, para determinar la "primera causa" en el sacado de plumas.

Una vez que haya identificado la "primer causa", el próximo paso es corregirlo. Desafortunadamente, esto no siempre hace que su pájaro deje de sacarse las plumas enseguida, porque una vez que el loro gris sabe cuánto le molesta a ud. el que se saque las plumas, aprenden a manipularlo hasta que ud. aprende a superar también eso. A esto la llamamos la "segunda causa".

LA SEGUNDA CAUSA

Está basada en un sistema de atención y recompensa. Los loros grises son pájaros muy inteligentes, y observan cada movimiento, pensamiento y emoción que tenemos. Saben más detalles específicos acerca de sus dueños, que los propios dueños. Eso se debe a que en su medio ambiente natural deben estar atentos a cada sutileza y movimiento, para seguir vivos. Hayan sido atrapados en su medio o criados domésticamente, enfocan todas sus habilidades de observación en los mismos humanos. Una vez que ellos perciben lo que es una recompensa, continuarán ese comportamiento para atraer la atención.

El problema es que los seres humanos tendemos a estar dormidos o a no percibir que estamos recompensando los comportamientos inadecuados de nuestros loros. Alguna gente le grita a sus loros para que dejen de hacerlo; algunos corren a la jaula y les dicen basta; algunos los miran y les dicen que se detengan mientras que otros los miran y les dicen lo hermosos que son (pensando que esto cambiará su comportamiento).

¿Y saben qué? ninguna de estas estrategias van a funcionar. Muchos especialistas en comportamiento han dicho que hasta el movimiento de un músculo de la cara le hará entender a su loro gris que ha logrado su atención. Algo tan simple como pensar o temer que su loro se sacará las plumas le puede dar ideas a su loro: hacerlo que se saque las plumas. Vea todo el barullo y atención que esto ha causado: ¡el loro se ha convertido en el centro de atención como un niño, el loro que quiere atención hará de todo para conseguirla; y tomará cualquier tipo de atención como recompensa, aun si es sólo el grito de un ser humano. Es mejor que nada de atención.

ALGUNOS CONSEJOS

La especialista en comportamiento Jane da un consejo simple: si se sabe que su loro se está sacando las plumas para llamar la atención, cambie el foco de atención. Una vez que lo vea sacándose las plumas, dése vuelta y deje la habitación y evite cualquier pensamiento sobre el tema del sacado de plumas. Recuerde que su mente es un libro abierto para su loro; por lo tanto, el solo pensar sobre eso en otra habitación va a hacer que el sacado de plumas por la "segunda causa" continúe. Piense en otra cosa. Recuerde que el preocuparse por el sacado de plumas va a hacer que su loro continúe haciéndolo. Se sabe que muchos loros grises han comenzado a sacarse las plumas en el momento en que ven a los seres humanos entrar en la habitación, porque sabe que los preocuparse de la habitación y evitar cualquier pensamiento sobre el sacado de plumas es sólo la mitad de la solución. El pájaro está pidiendo más atención, de manera que déle más atención de una manera apropiada: "atención exclusiva". Busque algo que su loro haga y que sea un buen comportamiento y alábelo y recompénselo por eso. hay que "Recompensar estas lindas acciones con halagos y atención por lo general motiva al pájaro a que realice la linda acción, en lugar de sacarse las plumas, para atraer atención".

Recuerde que lleva tiempo el romper con el hábito que se ha hecho; así que por favor no se frustre y se rinda. Es posible hacer que su loro deje de sacarse las plumas, pero la clave de la solución es más bien su actitud y acciones que las del loro. Una vez que el sacado de plumas no le moleste y haya determinado otras maneras apropiadas para darle a su loro una atención positiva, puede que a la larga su loro deje de sacarse las plumas. Algunos loros africanos que aparentan tener mucha picazón y la piel luce seca y escamas de piel muerta son consecuencias de insectos que se le amontonan dentro de las plumas, usualmente esta situación se resuelve con un insecticida que se le riega en todo el plumaje del cuerpo, esto no es con frecuencia si tienes el cuidado de no situar al loro en lugares que puedan haber insectos que lo puedan infectar, también la falta de sueño puede inducir al loro arrancarse las plumas debido al a tensión sicológica que le ocasiona la falta de sueño, los loros grises necesitan de 10 a 12 horas de sueño tranquilo, sin ruidos de televisores o radios las siestas de días no sustituyen el sueño de noche, a lo mejor otra cosa que el loro quisiera hacer es despeluzar un pedazo de tela de algodón en vez de arrancarse las plumas, cuando le ofrezca telas siempre cuide de no darle aquellas que puedan ser fuertes y largas que el loro se la enrede en las patas y le cause un accidente.

capítulo 15

JUGUETES

La gran importancia de los juguetes significa la decisión de los dueños en entregar a su mascota un regalo de entretenimiento o un arma de suicidio, los fabricantes de juguetes no cuidan tanto a los loros como el mismo dueño por lo que requiere cuidado escoger los juguetes, de metales nunca, plástico pueden ser dañinos, pueden arrancarle un pedazo y tragárselo, de goma lo mismo que el plástico, a si llegamos a concluir que la madera es el verdadero material para los juguetes. Cuando el loro se encuentra por primera ves con el juguete su primera actitud es de desconfianza esto es parte de su instinto primitivo o salvaje que lo protege de aquello que en las selvas le puede hacer daño hasta matarlos, pasa un tiempo a que se convenza que este no es peligroso y confié en el, después que le toma confianza y empiece a jugar lo primero que le hace tratar de arrancarle un pedazo, por lo que siempre se recomienda como primer material la madera semi dura para que no le sea muy fácil desbaratarlo rápidamente, lo mismo sucede con las perchas si estas son muy duras y resbaladizas causan qué las uñas les crezcan mas de lo necesario y el loro pierda la confidencia y es uno de los resultados que comience a arrancarse las plumas.

La coordinación y la confidencia son las que comienzan a crear la física coordinación desde que son bebes, estos sin una apropiado corte de uñas y plumas además de una mala percha pueden resultar en un torpe loro.

La uñas afiladas de los loros cumplen un propósito pero este se ve eliminado cuando se usan perchas de madera dura, la mayoría de los dueños opinan que estas son mejores porque son mas duraderas y también mas caras como las que ofrecen las tiendas de objetos para pájaros, siendo esto un error, el loro necesita donde afilar el pico o limpiarlo la madera natural o ramas de árboles frutales le sirve para esto y mas ya que también le proporcionan entretenimiento, consumiéndole tiempo para que olviden el arrancarse las plumas, las uñas le son necesarias cuando están en cría para salir y entrar en el nido ellos no necesitan escaleras como muchos criadores creen, con las uñas afiladas las clavan en la madera y suben o bajan, esto es por lo que se recomienda que no usen nidos de metales como algunos han usado para prevenir que los loros no los desbaraten, picar en los nidos es necesidad de los loros.

capítulo 16

PLUMAS ROJAS

Los Egyptians por lo general no tenían loros grises ya que no se encontraron figuras de ellos pintados en los jeroglíficos. En tiempo Romanos alguna clase de ventas de loro existían desde que Marcus Portius Cato censuro la moda de llevar loros grises en los brazos.

El Emperador Antonius Heliogábalos, en Roma recibió un largo cargamento de loros desde África que fueron servidos en un banquete y finalmente echado a los leones. No se puede asegurar que había algún loro gris entre los que se echaron a los leones.

Hasta el año 1886, la situación de las plumas rojas no estaba clara y muchos creían que los loros que tenían las plumas rojas eran los machos y los que tenían las rojas oscuras (timneh) eran las hembras. Los que al fin confirmaron la verdad fueron los jóvenes nativos que subían a los árboles a coger los pichones que después enviaban a Europa. Estos jóvenes fueron los que convencieron a todos que los loros africanos grises desde muy jóvenes sus plumas de la cola son rojas.

Por muchos años el loro gris africano de plumas rojas en la cola ha tenido una seria participación en las creencias religiosas Afro americana por tradición Yoruba, la historia mística de esta nación cuenta que una ves que el pueblo Yoruba protesto por la actitud de su rey Chango, al que acusaban de tener al pueblo pasando necesidades y hambre mientras todo el dinero y la comida la usaba para alimentar su ejercito para satisfacer sus deseos de guerra y conquista donde hacia de los vencidos esclavos que después vendía, el consejo de ancianos se reunió y acordó la pena de muerte por medio de sus esposas que tenia tres, estas tenían que ajusticiarlos estrangulandolo. Lo interesante de esta historia es que el veredicto se expresaba con una cesta de huevos de loros grises africano que le fue enviado. Además el significado de las plumas rojas de la cola que han sido usadas por siglos, como parte de la corona de los sacerdotes iniciados.

La pluma roja es única, imposible de falsificar por su centro negro que la divide en dos, entre los creyentes de la religión es valiosa atrae la suerte y se usa en muchas de las ceremonias y se venden hasta $10.00 cada una en las tiendas que venden artículos religiosos (Botánicas).

Los criadores las recogen y las guardan siempre hay quien las compre y ofrecen hasta cincuenta centavos por cada una, el que sabe el valor las lleva a las botánicas tienda donde las venden y puede obtener $1.25 por cada una, eliminando al intermediario.

También se encuentran plumas rojas pequeñas en cualquier parte del cuerpo de los pichones que tienen el factor rojo como parte de los genes de sus antes pasados, la mayoría de ellos pierden estas plumas en la primera muda o pueden retener algunas.

MUDAR LAS PLUMAS.

Cuando llega la época de mudar las plumas el loro y otros pájaros pueden cambiar rápidamente de actitud, las nuevas plumas al brotar le causa picazón haciéndolo sentirse incomodo y se notan mas tristes y preocupados, en las zonas tórridas la muda dura todo el año muy distinto que en las zonas frías.

Es conocido que la picazón vuelve rebelde al pájaro menos en ciertas ocaciones que necesita que el dueño le rasque la cabeza en lugares que el no puede llegar, es importante no dejarlo bajo el sol por largo tiempo sin ninguna protección.

En el loro africano gris el color rojo de la pluma en la cola enseña parte de la salud del loro si la pluma termina con tono de negro la alimentación del mismo no es la apropiada, aunque no significa que esta enfermo se debe tratar de equilibrarla mas ofreciéndole mas vegetales y frutas.

Eric entrenando a Kiwi.

capítulo 17

SU PRIMER LORO GRIS

Primero debe hacerse esta pregunta. ¿Yo soy amante de los loros, tengo paciencia con los animales? Si la contesta es si continué con la idea de comprar un pichón de loro gris, esta sencilla decisión conlleva la gran responsabilidad de cuidarlo y quererlo mientras viva, que con un buen mantenimiento durara muchos años.

La edad ideal para adquirir un pichón tiene variación dependiendo de su capacidad y tiempo para criarlo si puede, la edad es cuatro semanas, si no sabe ni desea aprender ni arriesgarse se evita catorce semanas alimentando al pichón, poco le falta para que coma solo, la gran diferencia es que el de cuatro semanas le puede costar $600.00 y el de catorce $1,000.00 hay cuatrocientos dólares de diferencia que consiste en lo que vale el alimentar por diez semana un pichón de loro africano que ha decir verdad el trabajo lo vale.

Alimentar un pichón de cuatro semanas no es difícil pero tampoco es fácil, el criador lo acostumbra a la jeringuilla y poniendo atención a la explicación que le da el propio criador le será fácilmente aprender para que pueda hacer la tarea, siguiendo las instrucciones que le dieron si existe alguna duda llame al que se las dio y pídale una nueva explicación del proceso hasta que usted la entienda.

Primero es la limpieza de los utensilios que se usan, atención a la comida que se prepara, cantidad, el cuidado para dársela, paciencia, serenidad y no perder el control es muy probable que algunos pichones sean majaderos al comer como los niños acostumbrándose a vomitar la comida meneando la cabeza embarrándolo todo a su alrededor, o que le halla dado la comida por el lado equivocado y se le fue por el camino a los pulmones esto indudablemente lo atora, en esta situación es fácil perder la paciencia, no la pierda y trate de saber si hizo algo mal, no trate de ahorrar guardando la comida por mucho tiempo, si esta tiene algún olor exagerado no la vuelva a usar.

Muchos pagan $400.00 dólares mas porque consideran que con falta de experiencia pueden matar al pichón cuando lo están alimentando, esto es muy difícil que pase pero es posible si tienen el cuidado necesario todo terminara satisfactoriamente.

La formula es fácil de preparar es un polvo grueso preparado con todos los ingredientes necesarios para la crianza de un loro recién nacido, que viene en cartuchos de papel, se mezcla la misma cantidad de polvo con comida en pomos de bebitos, se calienta agua hasta que hierba y se hecha revolviendo hasta disolver el polvo y crear una mezcla como la de una sopa de crema, como siempre quedan bolitas de polvo sin disolver lo mejor es con una batidora pequeña de las que se usan para revolver la azúcar en el café terminar de mezclar antes de ofrecerla al pichón hay que investigar el calor que tiene la mezcla para equilibrarlo con al temperatura del pájaro porque muy fácilmente se puede quemar el buche del pichón.

Todos en la familia se encantaran con el nuevo miembro y deberán contener el embullo pues tienen que entender que el pichón es como un bebido que se sentirá extraño los primeros días hasta que llegue a conocer bien a todos, el escogerá con cuales jugara y como verán es su decisión que la tomara a consecuencia del trato y forma de manipularlo, es por lo que es recomendable siempre tener un tono dulce cuando se le hable y no regañarlo ni alzarle la voz cuando se le esta entrenando o enseñándole una palabra, sepan muy bien que el solo aprenderá la que decida aprender por lo que notara que una palabra que oyó varias veces la aprendió y la que usted lleva tiempo enseñándole no la aprende, esto solo tiene una explicación, esa palabra el no la quiere aprender. Por esta y muchas otras cosas es que se llega a la conclusión que el loro es el que nos esta entrenando a nosotros.

Todos los que le gustan los loros alguna ves se ha preguntado cuantos huevos puede poner la hembra, cada que tiempo y cuanto se demora en sacarlos, A estas preguntas siempre se ha rehuido contestar, la lora puede poner hasta cinco huevos, echarse sobre ellos y sacarlos, puede hacerlo hasta cuatro veces al año. Esto es el máximo, no es corriente.

capítulo 18

CONCLUSION

En este libro has recibido mucha y buena información sobre los loros Yacos africanos grises congos, ya sabes de donde provienen quienes los trajeron y cuando, conoces su anatomía, su inteligencia, actitud, alimentos, vitaminas necesarias, enfermedades, medicinas, curas, en fin todo lo que debe saber sobre lo loros africanos grises, Psittacus erithacus este es su nombre científico. Es cierto que hay loros africanos de otros colores por lo que debemos aclarar el color, es mas hay subespecies de los africanos grises como el Psittacus erithacus Timnenh y los loros Vasa.

No hay mucha diferencia entre los dos loros Yacos, mas parecidos son el Congo y el Timnenh, el tamaño mas pequeño, color de las plumas de la cola menos rojas, la parte superior del pico es blanca, el gris del cuerpo no tan consistente como el congo gris, la voz menos clara y mas o menos la misma inteligencia.

Dos especies de loros Vasa (genus coracopsis.) Según los científicos los mas cercano a lo africanos grises, son nueve especies de (Poicephalus genus.)

Mientras mas investigamos mas aprendemos del Excepcional Yaco gris, para mi como amante y criador ha sido una gran experiencia escribir este libro donde creo haber logrado contestar muchas de las preguntas de todos los dueños y amantes del loro gris con filosofías ajenas y la mía propia, debo decirles que aun quedan muchas preguntas que no se han podido contestar y como tales pasaran a ser muy importantes.

Comprar un loro o una pareja es cuestión de suerte e inteligencia, el costo de estos loros es elevado por lo que se debe estudiar mucho a la hora de comprarlo y si el comprador esta embullado y decidido se hace mas posible candidato a ser engañado, yo he sido victima por parte de unos de los tantos traficantes de loros que abundan en el centro de la Florida en la zona de Tampa.

Mi embullo me obligo a adquirir tres parejas para aumentar mi cría sin analizar la procedencia, donde existan muchos criadores siempre encontrara este tipo de elemento que se dedican ayudar a los criadores que tienen muchas parejas a deshacerse de las parejas malas como aquellas que cuando ponen huevos no se echan, las que se han arrancado casi todas las plumas, las que ponen huevos infértiles, las que se comen las patas de los pichones, las que abandonan acabado de salir del huevo a los pichones, más y más defectos que imposibilitan una pareja ser buena criadora no importa lo que usted haga, pues muchos de los defectos son genéricos, como parejas de loros hermanos.

Pero no cabe duda que este loro es tan particular que hasta los más inteligentes han sufrido equivocación.

Mi primera pareja para suerte mía la compre a mas de 300 millas de donde resido a uno de los que se dedican a negociar con la compra y venta de parejas para cría, él y los que le vendieron la pareja no sabían que dicha pareja comenzando dos meses después de comprada iba a comenzar a sacar pichones hasta la cantidad de nueve en el primer año.

¿Que sucedió porque la vendieron? Solo puedo suponer, que con el dueño anterior no producía, sin pensar que podía ser que se necesitaba cambio en el sistema de mantenerla para que se echara y empollara. Esto me enseña que lo que no es bueno para uno, lo puede ser para otro, siempre y cuando se cambie la forma para criar, mi cambio fue una jaula mayor y mas privacidad.

Hay quien cree que preguntando es parte de la solución y no es cierto porque el que contesta, no dice la verdad porque va en contra de su negocio, he leído que un criador en España tiene 150 parejas, no dice cuantas son hermanos.

El haber pasado por todas las experiencias negativas me ha enseñado que la mejor y única solución es hacer la pareja, con pichones menores de un año aunque tome mas tiempo pues al final lo que se adelanta comprándola echa la diferencia no es mucha pues necesitas varios años para darte cuenta que te han engañado y te da vergüenza reconocerlo.

Solos aquellas parejas que provengan de amigos conocidos pueden ser aceptadas como buenas porque los mismos que las vendes si se enteran que lo son, no las venden y se quedan con ellas.

Las experiencias de criador de loros africanos enseñan a soportar decepciones, engaños y perdidas de dinero y loros que les tenia cariño, pero no todo es malo también sientes la sensación de alegría cuando entregas un pichón a un cliente y notas el cariño que de principio sienten por el mismo y cuando alguna vez te llaman para darte las gracias por haberle traído alegría a su hogar.

Sobre la personalidad de cada loro, que son distintas se puede decir que la inteligencia sobre pasa a cualquier otro animal que se quiera tener como mascota, yo conozco varios casos de Yacos que se han adueñado de la voluntad de sus dueños y los obliga a que hagan lo que el desea o lo que mas le guste, ni los perros ni gatos tienen esa habilidad, si tu no haces lo que ellos quieren se ponen bravos y toman actitud.

Aunque los Yacos son fuertes y saludables siempre hay que estar observándolos cualquier error por parte del dueño puede hacerle mucho daño, siempre cuando trates algo nuevo con ellos píenselo, estudialo y hazlo con cuidado, cuando no estés seguro no lo hagas, cuidándolo como si fuera parte de tus seres queridos el durara muchos años.

LIBROS QUE RECOMENDAMOS

The African Grey
>	Julie Rach.

The Second Hand Parrot
>	Barron`s.

The Essential African Grey
>	Pamela Leis

Getting Started
>	Helmut Pinter

Getting To Know Your Grey
>	Barron`s

Guide To A Well Behaved
>	Barron`s

African Grey Parrots
>	Dr.edward J. Mulawka

First Aid For Birds
>	Julie Rach.

The Guide To Owning An African Grey
>	David E. Boruchowitz.

Keeping African Grey Parrots
>	David Alderton.

African Grey Parrots
Paul Paradise.

African Grey Parrots
Annete Walter.

African Grey Handbook
Mattie Sue & Dianale Deter.

The Gray Parrot
Wolfgang De Grahl.

The Parrot In Health And Illness
Bonnie Munro Doane.

www.ingramcontent.com/pod-product-compliance
Lightning Source LLC
Chambersburg PA
CBHW020429290526
45785CB00002B/762